U0360613

心理委员

倾听能力评估与训练

詹启生　刘　美　张含悦　著

清华大学出版社

北京

内 容 简 介

本书涵盖了提升心理委员倾听能力的团体心理行为训练活动，这些活动是基于科学编制的"心理委员倾听能力量表"而设计开展的，具有明确的实操性，具体设计包含包容接纳、内涵掌握、非语言辅助、回应反馈、体察关注、不中断、意愿偏向这几方面主题活动。

本书适合各高校心理工作者以及数十万心理委员培训学习时参考与使用。

图书在版编目（CIP）数据

心理委员倾听能力评估与训练/詹启生，刘美，张含悦著.—北京：清华大学出版社，2021.12

ISBN 978-7-302-59562-5

Ⅰ.①心…　Ⅱ.①詹…②刘…③张…　Ⅲ.①心理健康—健康教育　Ⅳ.①G444

中国版本图书馆CIP数据核字（2021）第233293号

责任编辑：田在儒
封面设计：刘　键
责任校对：刘　静
责任印制：丛怀宇

出版发行：清华大学出版社
　　　　网　　　址：http://www.tup.com.cn, http://www.wqbook.com
　　　　地　　　址：北京清华大学学研大厦A座　邮　编：100084
　　　　社 总 机：010-62770175　　邮　购：010-62786544
　　　　投稿与读者服务：010-62776969, c-service@tup.tsinghua.edu.cn
　　　　质量反馈：010-62772015, zhiliang@tup.tsinghua.edu.cn
印 装 者：三河市天利华印刷装订有限公司
经　　销：全国新华书店
开　　本：185mm×260mm　　印　张：7　　字　数：165千字
版　　次：2021年12月第1版　　　　印　次：2021年12月第1次印刷
定　　价：39.00元

产品编号：095542-01

前　言

自 2004 年在天津大学创建以"心理委员"为基础的危机干预快速反应机制以来,我就开始了对心理委员的基础知识与实用技能的培训工作。17 年来,在持续开展的心理委员以及心理咨询师的培训中,我一直密切关注着"倾听"能力的训练,也试图对"倾听"能力开展系列的研究,并特别期待编制一个评估倾听能力的量表。

2019 年,基于对心理委员工作的长期探索与研究而初步构建了一个心理委员的 TILER 胜任特征模型,也就是"训练——识别——倾听——陪伴——转介"的胜任特征模型。其中倾听位于中间位置,按照现在的一句流行语来说就是"C 位",事实上,倾听正是心理委员技能中位于核心的技能。

经过查阅国内外各类倾听量表,我们对有关项目进行了逐条分析。同时,通过调研获取了大量关于倾听的项目,这些都为我们编制倾听能力量表打下了坚实基础。

经过探索性因素分析,由此得出了"高校心理委员的倾听能力问卷(正式版)",并附在本书附录中。

为了节约篇幅,本书未详细展现心理委员倾听能力问卷的编制理论及过程,有对相关内容感兴趣的读者,可以查看作者发表于《中国心理卫生杂志》(2021 年第 9 期)的相关论文《高校心理委员倾听能力问卷的编制》。

量表编制完后,我们又计划通过一个学期的团体心理行为训练活动的方式开展。

具体方案是:8 次团体心理行为训练活动的计划,每周一次。

最初的团体心理行为训练活动的方案定于线下课堂进行。但由于 2020 年春节前后全国突发新型冠状病毒肺炎疫情,最后此倾听能力训练活动正式改为网络团体心理行为训练活动。

经过 8 周的心理委员倾听能力的团体心理行为训练后,最终取得了预期成果。"心理委员倾听能力评估与训练"的工作坊也在 2021 年 4 月全国首届高职院校心理委员工作研讨会上成功实施。

此后,此量表经扩大样本等的进一步探索和完善,最终呈现在本书中。

在此也特别感谢天津市教委科研计划专项任务重点项目(心理委员实施同伴心理服务的胜任特征模型的研究,2020ZXXL-GX19G)的支持以及天津市教委社科重大项目(高校心理健康标准化建设与实践研究,2020JWZD13)的支持。

詹启生
2021 年 4 月 10 日于天津大学三村

本书相关资源

目　　录

第一章

心理委员倾听能力量表及其各维度的项目构成

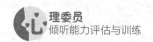
一、心理委员倾听能力量表

我们所编制的心理委员倾听能力量表共计 38 个项目,经过因素分析可以分为内涵掌握、包容接纳、非语言辅助、回应反馈、意愿偏向、体察关注、不中断 7 个维度,如表 1-1 所示。

心理委员倾听的团体心理行为训练活动计划即基于此 7 个维度进行设计。

表 1-1　心理委员倾听能力量表

因子	编号	项　　目	维度命名
F1	38	我能分辨对方讲话的真假	内涵掌握
	33	我能够抓住对方说话的重点	
	25	我能听出对方字里行间的言外之意	
	37	我能听出对方背后的需求	
	35	我能通过对方的描述了解其目前面临的处境	
	1	我能辨别出对方的感受	
	13	我在听完后能正确回忆起对方说的内容	
F2	24	我能包容他人与我不同的观点	包容接纳
	12	我以接纳的态度听对方的倾诉	
	14	我会认真对待他人倾诉的问题	
	26	我以关心的态度听对方的倾诉	
	2	我会设身处地去理解对方	
F3	32	我会利用对方的动作语言来解释其传递的信息	非语言辅助
	23	我会考虑对方的肢体动作与语言信息之间的关系	
	27	我能通过语言以及非语言信息理解对方传递的意思	
	11	我会身体前倾认真听对方说话	
	15	当对方不知怎么表达时我会想办法提示他	
	3	我会用目光注视对方	
F4	22	我会用肢体语言表达对其说话内容的赞成或反对	回应反馈
	10	我会立刻让对方知道我理解了他的话	
	28	我会给对方回应表示自己在听	
	16	我在交流中能够用简洁清晰的语言回应对方	
	31	我会在适当的时候对方说过的话做一个简短的总结	
	4	我给对方提供清晰直接的反馈	
F5	9	听对方说话我不觉得累	意愿偏向
	21	我很愿意听他人诉说	
	17	我会耐心地听他人诉说	
	29	我会表现出倾听的热情	
	5	我觉我是容易交谈的人	

续表

因子	编号	项 目	维度命名
F6	8	我会注意对方的表情、声调和姿势等	体察关注
	18	我在听对方谈话的内容时会注意其感情的变化	
	6	我在听的时候会考虑对方的性格等特点	
	20	我在听的同时能观察到对方的情绪	
F7	7	我会让讲话者充分表达思想而不打断他	不中断
	19	我能不分心地听对方讲话	
	30	我不会随意转移话题	
	34	我不会急于打断对方讲述我不感兴趣的内容	
	36	我不会在对方诉说时随意评论	

注：表中的编号是指测验项目在"心理委员倾听能力量表"中的排序号。

二、倾听能力量表维度的英文命名

我们对心理委员倾听能力维度的英文名进行过多次讨论，最终综合心理委员倾听理论的英文名称进行确定，各维度具体名称界定如表1-2所示。

表1-2　各维度具体名称界定

各维度中文名称	各维度英文名称	含 义
内涵掌握	Grasping of contents	PM 对 CM（强调 CM 的内容：需求、处境、真假、重点、感受等）
包容接纳	Inclusiveness and acceptance	PM 对 CM（注意包容与接纳两者的不同）
非语言辅助	Nonverbal aiding	PM 与 CM（PM 用 CM 的非言语 3 项，PM 用自己的非言语 3 项）
回应反馈	Responsiveness and feedback	PM（侧重 PM 回应：3 项概括和 3 项具体）
意愿偏向	Preference for listening willingness	PM（倾听者的意愿）
体察关注	Observing and focusing on hints	PM 对 CM（强调 CM 的表情、感情、情绪以及性格等）
不中断	Uninterruption	PM（不打断对方倾诉）

注：表中 PM 与 CM 分别表示倾听者心理委员（Psychological Monitor）与倾诉者班级同学（Classmate）。

把表1-2中7个维度的英文名称首字母按统计维度的名称顺序组合为GINRPOU，但这些字母也可组合为POURING。而POURING翻译为中文时的一个含义是"倾诉"。因此，我们可以把这个心理委员的倾听理论称为"POURING" Listening Theory（即"倾诉"的倾听理论），或者说最后我们把此心理委员倾听理论的英文名称定为"POURING 倾听理论"。

我们提出心理委员的倾听能力理论，需要去应对的正是广大同学们的倾诉问题，用倾听去应对倾诉，也正是我们的核心理念。

第二章

心理委员倾听的团体心理行为训练活动计划

　　心理委员倾听的团体心理行为训练活动计划如表 2-1 所示。每次训练活动总时长设计为 60 分钟,具体实施时,个别活动环节可根据实际情况延长或缩短。

表 2-1　心理委员倾听的团体心理行为训练活动计划

活动主题	活动内容				
训练活动一:"包容接纳"地听	(1)前测(所有人)课堂上	(2)签协议(5分钟)	(3)热身活动:自我介绍(10分钟) 简短自我介绍 + 自己的 1~3 个特质(与倾听有关的,每人 1 分钟)	(4)主题活动:包容接纳(35分钟) ①同步选取一个项目,同时写一个故事(5分钟);②分享:分享自己写的故事(在与人交流时与倾听有关的) + 动作(30分钟)	(5)结束活动:一句话总结(10分钟) 每人用一句话总结与活动主题有关的感受 + 仪式动作
训练活动二:我听出,你的意思是……	(1)热身活动:你说,我重复(10分钟) 重复自己不认识的人的介绍 + 说出与倾听有关的他人特征	(2)主题活动:分析故事(40分钟) ①材料选取:从心理委员"倾听心声"中选取 5+1 个倾听故事,由助教通过微信发给每一个组员,暂不阅读(2分钟);②全组 12 人同读"内涵掌握"维度 7 个项目(3分钟);③助教从维度视角对倾听材料进行分析(2分钟);④小组成员结合 7 个项目内容进行阅读(3分钟);⑤成员分享(30分钟)			(3)结束活动:一句话总结(10分钟) 每人用一句话总结与活动主题有关的感受 + 微笑合影
训练活动三:用"行"传意	(1)热身活动:介绍他人(10分钟) 介绍自己能记住的他人信息 + 说出与倾听有关的他人特征	(2)主题活动:循环传递(40分钟) 参与顺序皆为自愿报名,第一个人与第二个人共同合作,用行为表达第一题的意思,第一个人为行为表达者,第二个人为行为解释者;第二个人和第三个人共同合作,用行为表达第二题的意思……(以此类推,时间 40 分钟,其他人可在旁边给予提示) 材料为 5 张 A4 纸(横向打印):每张纸上标有 6 个项目			(3)结束活动:一句话总结(10分钟) 每人用一句话总结与活动主题有关的感受
训练活动四:听而有应	(1)主题活动 1:男女搭配分组(30分钟) 两人一组男女搭配(要求:目前彼此还不熟悉的为最佳搭档);倾听者的回应方式多样化,倾听者需要对"回应反馈"维度的 6 个项目尽力逐个展示,争取做到回应方式的多样化,再角色互换,由另一人扮演倾听者(彼此具体交流方式请截屏说明)(15 分钟 +15 分钟)			(2)主题活动 2:共同分享(20分钟) 在大组中的每个"2 人小组"交替分享	(3)结束活动:一句话总结(10分钟) 每人用一句话总结与活动主题有关的感受;齐喊三遍口号:倾听既是读懂你,倾听也是我反馈
训练活动五:我听出,你的心情是……	(1)主题活动 1:角色扮演(30分钟) 用"惧、怒、哀、惊、恨"做成 10 个"签"(每个字有一次重复),随机编成 1~10 号,由 10 位同学随机抽取(网络版:主试自己随机提前抽取并记录好 10 个编号的对应情绪,团体训练时,成员只需要叫号,主试即告诉其需要扮演的情绪,并私发给该成员,成员领到后不能告诉其搭档)			(2)主题活动 2:共同分享(20分钟) 两人自愿一组,由一个学生(自愿或安排剧本)扮演一个情绪角色(言辞、动作),由另外一个人观察推断对方的情绪状态或特征(推测时:其他人可以表态)	(3)结束活动:一句话总结(10分钟) 每人用一句话总结与活动主题有关的感受

续表

活动主题	活动内容			
训练活动六:不应有的"打断"	(1)热身活动:脑力激荡(10分钟)组名＋组训＋组规——同时想,同时发到群里	(2)主题活动1:打断与不打断(20分钟)打断对方说话,不让对方完整表达(30秒＋30秒)——记录打断的次数(10分钟);不打断对方说话,可运用之前学过的倾听技能(10分钟);以上活动都要进行角色互换	(3)主题活动2:共同分享(20分钟)分享打断与不打断时的不同体会	(4)结束活动:一句话总结(10分钟)每人用一句话总结与活动主题有关的感受
训练活动七:你的心声,我愿意听	(1)热身活动:消除盲区(10分钟)让小组每个成员都进入生活的阳光地带——说出你的特征,让人记住你(把不太熟悉的成员名单同时写下来,发给助教,由助教统一发到"倾听小组"群里);不太熟悉成员标准:①从未搭档过,②讨论时彼此也没有过直接交流,③开学以来至今课堂内外没有过互动	(2)主题活动1:绘画并解释内涵(20分钟)材料:制作明信片(每个明信片上印有一题,每套明信片含5张,两套共10张);画:一个项目画一个"倾听意愿"状态(表意即可),此画可以配文字,加版权(分网络版与线下版,网络版由主试分配,线下版由成员自选)	(3)主题活动2:共同分享(20分钟)分享活动体会	(4)结束活动:一句话总结(10分钟)每人用一句话总结与活动主题有关的感受
训练活动八:告别活动	(1)后测(所有人)课堂上	(2)暖心活动:三问而后赞(30分钟)每人向还不熟悉的任何一人至少提三个对方可以回答的问题,如果对方不能回答,就一直提下去,直到问满三个题;问完问题后用固定格式语句赞美对方:"我开始觉得你是……,现在觉得你是……"(从陌生人演变到比较熟悉的人——说一句格式化的赞美的话)	(3)告别活动:彼此赠言(20分钟)每个人一张纸传递,给其他人写赠言(围绕倾听的七次活动)具体操作:用问卷星提前做好12个调查表(用各自的姓名,本人不用填写有自己姓名的表格,由助教发给老师和每一位组员)	(4)分享感受:每人一段话(10分钟)每人用一段话总结与整个活动的感受＋微笑合影

第三章

训练活动一：
"包容接纳"地听

20名被试随机分配到实验组和对照组,实验组10人,5名男生,5名女生;对照组10人,5名男生,5名女生。

一、活动介绍

✎ 活动方式

通过网络会议方式进行。

◎ 活动目标

成员相互了解,形成接纳包容的倾听思维。

▤ 活动内容

1. 前测

实验组和对照组同时施测,采用线上问卷的方式。前测倾听能力得分无差异。

2. 签协议

向成员发送项目"知情同意书"的 PDF 版("知情同意书"参考模板见本章活动资料),签名后再收回。(5分钟)

3. 热身活动:自我介绍

简短自我介绍(如姓名、学院或专业),并说出自己与倾听有关的 1~3 个特质。(每人1分钟,共计10分钟)

4. 主题活动:包容接纳

每人选取"包容接纳"维度的一个项目(如图 3-1 所示,项目编号可以用大写字母或数字灵活编号,在每次活动时以投屏或白板形式展示):共 5 个项目,每 5 人同步选取一次,选完后每人写一个与项目主题相关的倾听故事(在与人交流时与倾听有关的故事),然后分享故事。(35分钟)

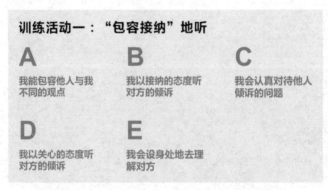

图 3-1 训练活动一"包容接纳"维度的 5 个项目

5. 结束活动：一句话总结

每人用一句话总结今天活动的感受，并用一个动作表示出来。（10分钟）

二、活动实录

注：本书活动实录部分的内容根据活动现场录音整理而成，除个别词句的规范修正，基本保留了团队成员发言的原貌。前测与签协议部分的活动实录略。

（一）热身活动：自我介绍

（1）赵心北（精仪学院，工程科学实验班）：倾听是一项很重要的技能，需要我们有耐心、有技巧。我认为不能在倾听过程中打扰倾诉的人，让他向你完全吐露心声，才是成功的倾听。

（2）周倾中（药学院，大三）：我今年是第二年担任心理委员，之前有同学找过我，但是我做得有点不好，在倾听的过程中很难保持注意力，这点我需要改一下，当然不是针对倾听范畴，我这个人本身就不容易集中注意力，希望通过这个活动得到改善。

（3）吴听梅（精仪学院，测控专业，大三）：我是今年刚担任的心理委员，我认为应该在倾听的过程中与对方有一个眼神的交流，能让对方感觉到他在被倾听，这是很重要的。

（4）陈练棠（通信工程学院，大二）：倾听要从对方的话里听出一些重要信息，接下来才可以与他进行交流，对他进行引导。

（5）冯训菊（精仪学院，大一）：倾听最重要的就是要学会感同身受，你要在听完以后，能站在对方的角度为他考虑问题。

（6）郑能兰（精仪学院，大一）：倾听过程中双方都要有足够的信心。我是比较敏感的人，能够抓一些小细节，但是有的时候因为自己的经历浅，可能不能给对方一些建议或者开导。

（7）孙委南（精仪学院，光电信息工程专业，大三）：倾听后要为对方保密。

（8）钱理洋（经管学院，保密管理专业，大二）：保密我比较懂，涉及保密问题大家可以与我交流。倾听还是要抓住对方最想表达的，因为他想对你说，肯定是有目的的，抓住主旨才能把倾听进行下去。

（9）王力竹（法学院，大三）：我是第一次担任心理委员。我在生活中是比较乐于倾听的人，愿意给他人带来快乐和帮助他人解决问题，但是倾听最重要的是要站在一个平等的地位去面对你的诉说者，我认为这方面我还是没有一个系统的方法吧，就想来学习一下。

（10）李员开（自动化学院，大二）：我也是第一次担任心理委员，倾听最重要的就是跟着对方的思路走，知道他的心路历程，知道他怎么想的。

（二）主题活动：包容接纳

（1）钱理洋（我能包容他人与我不同的观点）：就好比一个人向他的朋友抱怨他今天早上吃的水煮蛋蛋壳太硬，朋友问他怎么敲的蛋壳，他说敲大头，朋友说：我敲的都是小头，你怎么这么特立独行？结果两个人因为鸡蛋壳该敲大头还是小头的事吵起来了。在我看来，

两个人既然要交流,就必然会出现意见不合,不然就不是交流,因为思想根本没碰撞过;可有了思想的碰撞,不会包容,他们也难以实现良好的交流,因为包容是交流的前提。

(2)吴听梅(我会认真对待他人倾诉的问题):有一次,我的朋友在玩游戏的时候和别人吵架。游戏设置里面有互相PK的环节,他们吵起来了,我认真听朋友倾诉,并和对方讨论,经过一番沟通,最后大家开开心心地结束了游戏。

(3)周倾中(我以接纳的态度听对方的倾诉):有一次一个女生私信问我什么时候有时间可以私下见面,有事情想找我咨询(本人男生),虽然有女心理委员,但我相信她选择找我一定有她的原因。果不其然,这个女生是因为喜欢上我的某个室友而来,这里涉及一系列"乏善可陈"的学生时代与心理问题无关的爱情故事。虽然我认为我作为心理委员并不能帮到她什么,帮助同学恋爱也不是心理委员的常规职责,但我想既然她找到我,我还是有义务帮她的,所以我给她举例说明了大部分情侣在大学毕业之后就分手了,作为学生时代还是应该以学习为主——这一套理论还是我高中班主任对我们说的。她最终没从我这里得到什么,失望地走了,我也深知我的无力,但我依旧以接纳的态度听她讲她的暗恋故事,并且为其保密,我想我力所能及倾听了她的诉说。

(4)陈练棠(我以关心的态度听对方的):在上一学期的后半段,几门不进考试周的课快要结课了,大家都在紧张地复习。班里的一个女生来找我倾诉。她所在的社团承包了学校"自强之星"评比的文字编辑工作。正好当时最忙的那几天大一学生在进行第二次月考,所以为数不多的几个大二部长就做了几乎所有工作,但是因为人手太少做得就没有让主席和老师满意。尤其是他们的主席私下找她批评了她很多次,她就特别委屈,因为她自己在别人加紧复习的时候几乎投入了所有的时间和精力,但是还是被否定。她那天在我宿舍待了很久,她和我说完之后心情就平复一些了。

(5)李员开(我会设身处地去理解对方):在八年级的时候,我有一个同学向班里一位女生表白被拒,心情非常低落,晚上回到寝室直接钻进了被窝里。当时我们邻床,我就听他讲事情的经过,以及自己的心理过程。当时我也处在青春期,我在听的时候就在想如果是我被拒了会是什么心情,我一想,确实很难过。接下来我就一直听着他说完。

(6)赵心北(我能包容他人与我不同的观点):高中上语文课时,我们的老师都会拿出5~10分钟的时间让同学们进行演讲和讨论。在听到其他人的观点时,我就会在心里比较一下别人和自己的观点,求同存异,理性地思考自己的观点。

(7)冯训菊(我会设身处地去理解对方):高三的时候,模拟考试很多,大家的成绩起起落落,很不平稳。有一次,我一个好朋友模考没考好,当天在教室里就哭了。那一天晚自习下课后她闷闷不乐地坐在教室里。然后我就把她带到操场上,陪她一起在操场上散步,她还一直埋怨自己,觉得自己不够聪明,又觉得自己一直以来的努力白费了。我觉得这个时候再提考试很不合适,于是就岔开话题,给她讲一些好玩的段子。我理解考试带给她的失落,就没有提起考试的事情。后来慢慢地,她自己已经能够接受结果了,然后我和她说以后可以再努力,一切都来得及,一次考试成绩不好也代表不了最终成绩。

(8)郑能兰(我会认真对待他人倾诉的问题):我就讲一下大一入校后的一次经历吧。我们班上有个男生遇到了一个喜欢的女生,他们已经是朋友了。但是好像女生发现男生喜欢她了,就有一点疏远他。他很犹豫,不知道女生对他的态度是怎样的。我听他慢慢讲述他的经历和感受,并且结合我的一些经历和见解鼓励他,帮他坚定信念(他本来也想找那个女生聊一聊,说清楚,但是犹豫会不会连朋友都做不成),最后还是由他做出选择。我认为每次倾听都可能对对方有重要的作用,不认真听他们讲述,就无法设身处地地为他们着想,这样是很不负责任的。认真倾听,认同他们的感受,他们也能在讲的过程中冷静一些,想清楚问题。

(9)孙委南(我以接纳的态度听对方的倾诉):有一次,我和同学讨论 NBA 的篮球明星,我的篮球偶像是库里,但是他对库里非常反感,因为他觉得库里影响了篮球的打球规则,导致现在投三分球的风气盛行,连小朋友都开始投三分球,而不练习上篮,对于他反对的观点我是接受的,因为这确实是目前篮球运动的风气。在接受了他的倾诉后,我又和他探讨,因为现在大众只能看到库里三分的命中率,没有看到他罚球和上篮的命中率同样很高,要多角度去评价一个人。

(10)王力竹(我以关心的态度听对方的):我的室友在整个大一都在为转专业到建筑忙碌,每天她都会画画到凌晨一二点,压力很大,可是录取名单公布后她以一名之差落选了。在安慰她时我一直在肯定她的付出,因为作为室友在我眼中她已经尽到了最大的努力,只不过缺了一点小运气。之后,我又拿自己曾经失利的事情类比,自己如何打起精神,往前看的。

(三)结束活动:一句话总结

(1)王力竹:和平有爱。
(2)钱理洋:真的很有意义!
(3)吴听梅:倾诉与理解。
(4)郑能兰:倾听是心与心的交流。
(5)赵心北:剪刀手是我们生活中最常见的手势,希望良好的倾听也能成为我们生活中最常见的习惯。
(6)冯训菊:倾听能让我们保持活力。
(7)孙委南:倾听是一门艺术。
(8)周倾中:就像化学中的手性分子,即使是一个人的左手右手都没办法完全重合,所以在沟通中要采取接纳态度客观看待双方观点不同之处。
(9)李员开:在他休息时给他比个爱心,逗他一下。
(10)陈练棠:我喜欢听你倾诉。
(每人的动作略。)

三、活动资料:"知情同意书"模板

本"知情同意书"模板仅供开展训练活动参考使用,读者可根据活动实际情况修改、调整相关内容,"知情同意书"模板如下。

知情同意书

  我自愿参加<u>　詹启生、刘美　</u>老师主持的心理委员倾听专题培训项目,项目进行中会录音、拍照,所有涉及的个人信息会严格保密,仅用于教学和科研,项目周期共八周,项目进行时间为每次"心理委员的基础知识与实用技能"课后60分钟(20:15—21:15)。

  此项目由于新型冠状病毒肺炎疫情特殊情况,故全部安排在网上"腾讯会议"或ZOOM云会议中开展,同时要求在会议过程中开启音频与视频。我同意接受项目进行中的录音和拍照,我能按照老师的要求完整参加项目的八次活动,按要求完成相应的事务,并对所做的事务进行保密,在项目完成之前不向班级同学等公开。

  完成此项目后我将获得<u>　　　　</u>分课程加分,如果未按要求完成此项目或违背保密协定,则不能获得此加分。

项目参与人签名:

时间:　　年　　月　　日

第四章

训练活动二：
我听出，你的意思是······

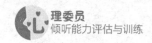

一、活动介绍

活动方式

通过网络会议方式进行。

活动目标

成员进一步相互了解,增进团体凝聚力,训练倾听时对内涵的掌握。

活动内容

1. 热身活动:你说,我重复

首先一人先点名,选择一位自己不认识的人,然后请那个人进行一下自我介绍,最后由点名的人重复其自我介绍,并且说出感觉到对方的一个与倾听有关的特征。(10分钟)

注:每个人只能选择一个不认识的人。

2. 主题活动:分析故事

活动流程如下(40分钟)。

(1)材料选取:从心理委员"倾听心声"作业中选取6个倾听故事(即"倾听材料"),其中,1个故事用于教学示范,其余5个故事由助教通过微信随机发给每一位组员,10名组员中有一半其"倾听材料"是重复的。每一位组员领到"倾听材料"后请先暂不阅读(2分钟)。

(2)全组10人同读"内涵掌握"维度的7个项目(3分钟),如图4-1所示。

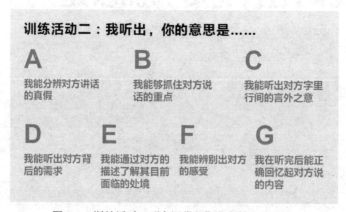

图4-1 训练活动二"内涵掌握"维度的7个项目

(3)助教从维度视角对"倾听材料"进行分析(2分钟)。

(4)小组成员结合7个项目内容进行阅读(3分钟)。

(5)成员分享(30分钟)。

注:以海报展示7个项目。

3. 结束活动：一句话总结

每人用一句话总结与活动主题有关的感受，全组成员微笑合影。（10分钟）

二、活动实录

（一）热身活动：你说，我重复

（因开始无人说话，助教便随机选一个人先说出他不认识的一个人。）

助教点名李员开，李员开说：我选周倾中。

（1）周倾中：大家好，我叫周倾中，今年大三，在药学院读药学专业，我比较乐观，大家可以和我开各种玩笑，我喜欢打羽毛球，是咱们校羽协的会长，谁想打羽毛球的话可以联系我，谢谢大家。

——李员开重复：他叫周倾中，是药学院药学专业大三的学长，比较喜欢打羽毛球，是我们校羽协会长，是吧？

——周倾中点名陈练棠。

（2）陈练棠：大家好，我叫陈练棠，我是大二自动化通信专业的，我的爱好是乒乓球，大二乒乓球协会的负责人，大家喜欢乒乓球可以联系我。

——周倾中重复：陈练棠是我们学校大二自动化通信专业的，也是大二乒乓球协会的负责人，那么我们招新的时候应该见过，我是羽毛球校队的，希望能够在线下见面。

（主持人：好，还要补充一点是，她没有介绍自己的特征，你可以推测一个，你觉得是怎样的，讲一个就可以。）

周倾中：积极向上吧，因为我觉得她每句话的语调都是比较向上扬的，应该很积极的。

——陈练棠点名冯训菊。

（3）冯训菊：大家好，我叫冯训菊，今年读大一，我来自精仪学院，乒乓球也会一点，但是高中以后就没打过了，现在不知道水平怎么样。我平常比较慢热，在陌生人面前会表现得比较腼腆一些，就这样。

——陈练棠重复：我听到第一句有点卡，好像是精仪学院的，然后也喜欢乒乓球，希望以后我们可以私下约见一下，这个小姐姐说自己性格比较慢热，有一点腼腆，希望以后可以一起玩吧。

——冯训菊点名郑能兰。

（4）郑能兰：大家好，我叫郑能兰，我也来自精仪学院，现在，大家从我的穿着就可以知道我是一个不南不北的人（笑了），就是在家特别的冷。我比较喜欢古典音乐之类的，乒乓球也会一点，但是去友谊比赛的时候输得很惨。如果大家喜欢古典乐的话，欢迎和我交流，谢谢。

——冯训菊重复：郑能兰和我一样是精仪学院的，她现在在家穿得比较多，处于一个不南不北的地方，然后就是关于乒乓球，确实不练就会生疏，所以我觉得这个没事就打着玩玩。

——郑能兰：我这里有一个女生的名字看不到，就是穿灰色毛线衣的。

（主持人：是不是吴听梅啊？）

郑能兰：可能是。

（5）吴听梅：大家好，我是吴听梅，我是精仪学院大三的学生，喜欢听毛不易的音乐，乒乓球会打一点，羽毛球也会打一点，我性格比较乐观开朗一些，不算内向也不算外向。

——郑能兰重复：这个同学叫吴听梅，她说她性格比较平和一些，但是我觉得她还是挺大方开朗的，看起来也很文艺，她也会一点羽毛球和乒乓球。

——吴听梅点名王力竹。

（6）王力竹：大家好，我来自法学院，喜欢乐器，尤克里里，比较活泼（因声音较小，听得不是很清晰）。

——吴听梅：这位小姐姐叫王力竹，是法学院的同学，她喜欢乐器，比如钢琴、尤克里里、古筝。

——王力竹点名钱理洋。

（7）钱理洋：我叫钱理洋，我是大二保密专业的，刚才我听同学说喜欢听古琴，我是比较喜欢听古琴和古筝这两种，喜欢看动画片。

——王力竹重复：刚才听到他喜欢听古筝和古琴，他在闲暇的时候也喜欢看一些动画片。

——钱理洋：我选赵心北吧，因为他和我一个同学长得特别像。

（8）赵心北：大家好，我叫赵心北，今年大一，来自精仪学院，我也和刚才那些同学一样，喜欢比较平静的歌曲，像毛不易唱的，或者像其他的一些比较平静的乐器，希望能和大家交个朋友。

——钱理洋重复：赵心北也喜欢静的音乐，想和我们交个朋友。

——赵心北点名孙委南。

（9）孙委南：大家好，我是来自精仪学院大三的，我基本什么音乐都会听，没有什么特别喜欢的，没有特别不喜欢的，希望能和大家交个朋友。

——赵心北重复：这位同学是孙委南同学，大三的，也是我们精仪学院的，然后平时对各种音乐都能欣赏，也希望和大家一起交个朋友。

（主持人：你觉得他的性格特征呢？）

赵心北：我觉得应该是那种看起来好像很高冷，但是性格很好的同学吧。

（主持人：现在只有一位同学，是李员开，孙委南，你认识李员开吗？）

孙委南：不认识，好的，正好让李员开介绍一下。

（10）李员开：我是大二自动化学院自动化专业的学生，平常也是喜欢打羽毛球，然后，就是吃一些好吃的，和舍友一起打游戏，还有待在自习室学习，没有了。

——孙委南未重复，他忘记了。

（二）主题活动：分析故事

给每两个人发一个相同的故事（都是随机发送的），以便看看别人是怎么分析的，第一人分析后让拿相同故事的同学接着分析。

助教示范故事：一位女生的最好闺蜜，在和男朋友分手了之后，便和她的男朋友在一起了。她很伤心，很不理解。她认为那位闺蜜根本不在乎她们之间的友情，因为一个男人就可以失去她们之间的友情，她觉得这样的友情很廉价。而且她们同住在一个宿舍，她不知道今后要如何对待她，也不知道今后要如何相处。

这是一个关于恋爱、友情的故事——可以从以下角度分析：

A. 我能分辨对方讲话的真假。

B. 我能够抓住对方说话的重点。

F. 我能辨别出对方的感受。

G. 我在听完后能正确回忆起对方说的内容。

大家按照自愿的顺序分享。

1. 第一组同学：吴听梅、孙委南

他们拿到的是故事4：有一天晚上我提前结束自习回到宿舍，看到宿舍只有A在发呆，心事重重的样子。我作为心理委员，本能地感到她一定遇到了什么困难，于是决定要尽我所能帮助她。我关切地询问她发生了什么事，不妨与我诉说，释放一下心理压力。也因为没有其他人在场，她便慢慢讲述了她的心事。她是独生子女，父母为她付出了很多，尽管家境一般，但她父母都尽其所能，从她出生到现在都为她提供最好的条件，她也很懂事，知道父母很不容易，也一直在努力学习、拼搏，希望有个美好的前程，以后也可以回报父母，报答父母的养育之恩。学习压力很大，但她也一直坚持着，如今上了大学，身边的同学都很出色，她更要努力学习，但是现在她遇到了一个男生，对她很好，男生的唯一缺点就是不思学习，她很郁闷，不知是否该与这个男生继续交往，现如今她的学习也受到了男生的影响，总是分心，无法专注。她也发现了这个问题的严重性，她不知道该怎么办。我耐心地倾听了她的讲述，分析她是无法平衡恋爱和学习。最后我建议她可以先试着带动那个男生一起学习，这样学习的过程也不枯燥，两个人可以共同为美好的明天而奋斗。

吴听梅：我的这个故事是有一个女生，她家境一般，但是她的父母为她付出了很多，她在大学期间学习也非常努力，她想要拥有一个比较美好的前程，毕业之后能努力工作，报答父母的养育之恩，她在大学遇到了一个男生，那个男生对她很好，但有一个缺点是不思学习。她最近的一个困惑就是，谈恋爱影响了她的学习，让她不能专心学习，她比较苦恼。我觉得她的矛盾就是她想要一个很好的前程和那个对她很好的男生，她的需求就是既不想放弃那个男生，又想好好学习。所以作为一个心理委员，给她提出一个建议就是带男生一起学习。

（主持人打断：好，你不需要谈作为心理委员应该做什么，只需要从那7个项目谈谈听出了什么就可以了。）

吴听梅：好的，我读到她的心理状态是比较纠结，就是两边都不想放弃，她的言外之意是想要两边都兼顾，她的感受是第一这种影响学习的现象不能再持续，第二希望她的男朋友能够有所改善。

孙委南：我的故事和吴听梅是相同的。总结出5点吧，我觉得项目BDEFG都能听出（因网络问题，没听到、也未记录到这个同学之后的分析）。

2. 第二组同学：钱理洋、郑能兰

他们拿到的是故事1：我有一次特意去了解我们班的一个上学期挂科的同学，我以聊天的方式向他了解他最近的学习情况。在我们轻松聊天的环境下他向我吐露了他的心声。他

告诉我上学期没有适应大学的生活,不知道在大学该干什么,整天都是无所事事的,在没课的时候他总是待在宿舍和同学打牌,或者待在宿舍睡觉。有课的时候也提不起精神去听课,在上课的时候总是拿出手机玩或者发呆。在上学期的后期他有时候一整天不去上课,他说那时候觉得上课太无聊了,老师也没什么激情,觉得自己看看书就可以了,可实际上却没干任何事。他说现在想想真是不应该,自己感觉对不起父母。最后他告诉我这学期他每节课都会去上,虽然不是每节课都认真听,但即使是不愿上的课也会待在教室上自习。

钱理洋:(因网络问题只记录到半段)就是他上学期啥也不干,所以挂科,然后这学期觉得挂科这种事对不起父母,所以这学期决定要好好学习,即使不愿意上课也会去自习室自习。针对 7 个项目,我首先觉得,项目 F 他最主要强调的还是觉得对不起父母,其次我觉得言外之意,虽然一直强调对不起父母,但从内心来说还是没有打算去学习,就是因为他说不想听的课也会去自习室学习,他说这些话一定是真的,但是我觉得还是出于对父母的考虑,而不是对自己的考虑。至于项目 G,在听完之后回忆起内容,这个是能回忆起的,就这些。

郑能兰:我的故事和钱理洋是一样的。他分析了很多挂科的原因,因为不太适应大学生活和学习模式,所以他很颓废,他列举了很多颓废的表现,我觉得他现在其实没有适应大学的学习和生活,没有找到适合自己的学习方法,还有他现在的感受就是,对上学期没有努力学习而感到后悔、内疚,觉得对不起父母。重点就是他现在对他上学期没有好好学习而感到内疚,然后我听出他现在有良心发现的感觉,想要好好学习。最迫切的需要就是很快适应大学的学习和生活,找到自己的方法。处境就是他上学期已经挂科了,他现在应该更加努力地学习。所以感觉他还是有一定的责任心想要孝顺父母的。

3. 第三组同学:冯训菊、陈练棠

他们拿到的是故事2:一名女生一次打来电话和我哭诉,她说自己的学习感觉有点跟不上了,原来她在高中一直是全学校的佼佼者,上学期的成绩也非常好,可是这学期随着课程数量的增加和课程难度的加大,她发现自己学习越来越吃力了,特别是她高数期中考试还不及格。她在电话里和我说尽管对自己没有时间复习可以接受,但是她也受不了这种成绩,她害怕自己复习完也会出现这样的成绩,她现在对自己的学习能力、习惯和智商开始产生怀疑,甚至有一点点厌学的念头,她觉得身边的人都开始比她努力,都比她成绩好,她说自己现在作业只要有一道不会做的就开始胡思乱想,然后就根本做不下去,就一直在自习室里面胡思乱想,她也经常向妈妈哭诉,但是她说自己还不敢总给妈妈打电话,怕妈妈担心自己。

冯训菊:我这个故事就是,一个女生,她本来是学习中的佼佼者,但在这个学期因为课业难度加大,科目变多了,成绩出现了下滑,特别是在期中考试的时候高数不及格,让她对自己产生了怀疑,就是提不起对学习的兴趣,想和家人说,但又怕家人担心不敢多说,大概就是这样。我觉得项目 A,应该是真的。项目 B,她说话的重点是要学好但又害怕努力没有回报。项目 C,言外之意没有听出来。项目 D,背后的需求就是希望能回到学习的状态,全身心地投入学习当中。项目 E,她目前的处境是处于一种非常不自信的状态,而且遇到这种情况的时候,没有很亲近的人能够与她交流,当她看到身边的人时又有嫉妒心理,但是又不想去努力,害怕努力也没有用。项目 F,我觉得她的感受就是对自我产生怀疑,不自信,对学习方面还有一点浮躁,不愿沉下心来学习,只要碰到一个不会的题就会胡思乱想。项目 G,我能够回忆起她说的内容。

陈练棠：我觉得这个同学的需求就是她需要鼓励、需要一些信心、需要一些专业的引导吧，因为她的表述是她每一门课都有问题，我觉得她的处境就是惶恐，比较焦虑，其他冯训菊同学都说了，我想说的就这些。

4. 第四组同学：赵心北、李员开

他们拿到的是故事5：一名男生和我说他十分厌烦自己的一名舍友，他嫌舍友家里穷还什么都不懂，而且个人生活习惯也非常不好，同时他还觉得这位舍友与自己的价值观、人生观、世界观等观念背道而驰，完全没有共同话题，而且经常一讨论就吵起来甚至大打出手。此后他就更加烦这名舍友了，总觉得舍友说什么都是针对他，平时干什么也都是特意挑他的刺，他说他现在一句话也不愿意和这名舍友说了，甚至连招呼都不愿打了。

赵心北：大家好，我分享的故事是这样的，有一个男生，他特别烦他的舍友，他的舍友家里很穷，并且个人生活习惯也不是很好，他和这名舍友三观非常不合，没有什么可聊的，也没有什么共同话题，每次只要一讨论就会吵起来甚至吵得更激烈时还会动手，大打出手之后他更觉得这个室友很讨厌，不想和他说话，招呼也不想打。总觉得这个舍友说什么都是在挑他的刺、针对他，所以他现在就这样一个情况。项目A，我觉得首先前面的一段大打出手那个可能是真的，其次他觉得舍友挑刺或者是针对他可能是他的主观臆测，可能那个同学只是自己的语言习惯，但是他们两个有矛盾之后，就觉得是那个同学一直针对他。项目B，因为他和室友三观不和产生了矛盾，导致了严重的后果。项目C，我觉得他表示出的对舍友的厌恶，因为一开始上来就说舍友什么都不懂，让大家对他第一印象就不好。项目D，一方面他其实有一个倾诉的需求，想把故事说出来获得大家的一些理解，另一方面他也是想解决问题，毕竟是生活在一个宿舍里。项目E，他目前的处境就是遇到了这个问题，觉得大学宿舍生活不是很美好，但是他又没有办法解决这个矛盾。项目F，他的感受是对舍友一种越来越坏的印象吧，所以就感觉他有些厌恶的情绪。项目G，可以回忆得起来。

李员开：我先说一下重点吧，因为刚才那位同学说得太全了，重点就刚开始他觉得他舍友家里比较穷，和他三观完全不一样，就导致了各种的矛盾，两人关系可能也不是很好，其次就是在某一次矛盾中双方大打出手，他就更加厌恶舍友了。他讲话的真假我觉得大部分是真的，就是有一点总感觉他的舍友在针对他，属于人的心理作用，其他方面应该没有言外之意，把他想表达的都表达出来了，可能就是反感这个舍友，这也是他心里的感受，我也能回忆起他的内容。

5. 第五组同学：周倾中、王力竹

他们拿到的是故事3：同寝室的一位同学小王，平时很平易近人，但前一段时间性格忽然变得很暴躁，时常与寝室中的同学发生争执。我赶忙找到小王，在与他简单地寒暄之后，他终于向我倾诉了他的苦恼。原来，前一段时间，他远在北京的女友突然向他提出分手，巨大的落差使他茫然失措，找不到发泄途径的他看到不知情的室友们依然欢声笑语感到烦闷，又苦于找不到倾诉对象，只得胡乱发脾气，经过一番开导，小王渐渐平复了心情，虽然可能有一些遗憾，但他坦然地接受了现实，并承诺如果再有心事会及时找到我，或向心理辅导老师求助。

周倾中：我这个故事简单来说就是，我是心理委员，我的一个室友本来平时比较平易近人，现在变得好斗并与室友发生冲突，我作为心理委员主动找到这名同学，他承认是女朋友突然和他分手，导致他产生心理落差，随意发脾气，最后这个室友答应我再有心理问题会找我或向心理辅导老师求助。项目A，我不能分辨他讲话的真假，这个和其他不同的是我主动找的这位同学，我认为他最后的答复更像是给寝室同学的一个交代。项目B，主要理由是和女朋友分手。项目C，他的言外之意是对他的行为感到抱歉，他也不是故意这样做的。项目D，我认为他还是想和女朋友有更好的交谈，毕竟突然分手，让他找不到发泄的途径，所以才对室友发脾气，他的需求我觉得还是希望和女朋友有更好的沟通。项目E，目前的处境应该是，我觉得我们交谈后他没有太大的改善，但是会变得收敛。项目F，他的感受我认为不只他说的这些，可能还有愤怒，因为从他发泄的途径来看他还是挺愤怒的。项目G，我认为我可以正确回忆起内容，好的，谢谢。

王力竹：我的故事和周倾中是一样的。大意是我同寝室的室友，他平时很平易近人，因为和异地恋的女友分手情绪变得很暴躁。但是我和周倾中同学有些不同的看法就是，项目A，分辨真假，我觉得应该是真的，因为他平时就是一个平易近人的人，突然情绪上变得暴躁起来，一定是发生了什么变故，通过诉说，是因为分手才这样，我认为他说的应该是真的。然后，重点是分手有些遗憾和不舍吧，才变得暴躁；我从他的对话中感受到变得暴躁有一点是因为他的环境，包括舍友还是和平常一样欢声笑语，然后自己显得非常有落差，心中苦闷，因为不想去传播负能量，所以憋在心里不说，不去倾诉。我觉得他应该是缺乏倾诉的对象找不到发泄的出口。我能感受到他的需求就是有个人能听他诉说苦闷，听他诉说分手后的感觉，开导他；他现在的处境就是很遗憾和女朋友分手了，不能挽回她，又不想破坏寝室欢乐的气氛，只想自己咽下去。

（三）结束活动：一句话总结

（1）周倾中：我也不知道刚才分析得对不对，我认为和这节课的内容有关，就是能听出一个人的弦外之音很难，但更难的是听出一个人的欲言又止。

（2）赵心北：我想说的是，咱们现在因为疫情不能去上学，我希望这个疫情早些结束，咱们就可以去学校面对面交流了。

（3）吴听梅：大家好，之前有很多同学在QQ空间和微信里说小区解封这些消息，就从这些信息中，我可以听出他们的意思，是时代的声音，我们应该快要开学了。

（4）钱理洋：今天早上上课的老师给我们分享了一张天津桃花开的照片，有机会的话我们一起去老校区看花。

（5）王力竹：大家好，首先很开心能和大家在一起学习这么有意义的一门课程，让我每个周五晚上都在欢声笑语里度过，感受到大家迫切想回到学校见面的心情，希望我们能够在海棠花开的时节回到天津大学继续学习。

（6）孙委南：我想说的是，很开心詹老师能够组织这么一个小课堂，能认识大家，希望在接下来的几周，我能够深入地了解大家，一起学习倾听方面的相关知识。

（7）郑能兰：我想说的就是，为什么大家镜头都把握得那么好，因为我老对不准（笑了），我觉得我在倾听方面还有很大的提升空间，比如要记得别人说的内容。

（8）李员开：大家好，我想说的就是，刚刚说快开学了，如果开学了我的头发还没长出来，怎么回学校(笑了)。

（9）冯训菊：这节课下来给我的感觉很奇妙，尽管大家基本都互相不认识，但有这样一个机会组成这样一个小团体，我感觉这样的对话就很美好。

（10）陈练棠：很幸运我能加入这个组里面，听大家分析了很多故事，感觉受益很多，谢谢大家。

三、活动资料：其他 20 个"倾听材料"参考

6 个心理委员"倾听材料"源自于 26 个精选的心理委员"倾听材料"，其他 20 个"倾听材料"如下，仅供参考。

材料 1

他告诉我现实中的大学生活与以前想象中的大学生活有很大差别，他本以为上了大学后，学习会很轻松，生活也会比高中丰富很多，但现实告诉他，大学的学习生活虽比高中轻松点，但仍需不懈努力，生活的确丰富了，但也很累人，班级活动、社团活动等让他有些疲惫，但他说自己在努力适应中，而且自信能在不久的将来可以很好地适应大学生活，为自己的理想继续奋斗。（大学：理想与现实的落差——D. 我能听出对方背后的需求）

材料 2

我的一位高中同学在上次清明节的聚会上和我说起了自己在学校的事，他主要觉得自己对于目标很迷茫，他不知道自己每天一直学习究竟是为了什么，他说看着其他人每天翘课，下了课后，有的去打球，有的去陪女朋友，有的去玩电脑，而他却直接去自习室学习，但是过了一段时间他就发现自己动摇了，他不知道这样究竟是为了什么，尤其是当他这么努力还考不过某个考前突击的同学时。除此之外，他还和我诉说了自己对社团与学习之间如何平衡的看法。（意义问题——E. 我能通过对方的描述了解其目前面临的处境）

材料 3

倾听个案：曾经有一位同学在开学初期很不适应，向我倾诉过当时的一些困扰。

她高中时是班上的佼佼者，用她自己的话说，老师以及全班同学都宠着她。三好学生等一些名号、荣誉统统都是她的，高考时作为全校前三名考入天津大学，更加成为老师炫耀的宝、同届同学羡慕的好学生、学弟学妹心中的好榜样。然而，到了天津大学，她的周围出现了更多好学生，因为她所在的高中整体来说并不算优秀，即使她曾是学校的尖子生，但来到大学之后学习成绩甚至不如其他省市一般的学生。在课堂上她能明显感到自己与别人的差距，老师有时不经意的评论，说者无心听者有意，她也会深深记在心中，自卑感日益增加。从"集万千宠爱于一身"到班中的后几名学生，这样的落差使她很难过、很痛苦。

由此案例，我认为大学生中，尤其是大一学生，有落差和自卑感的不在少数，我们要多鼓励他们说出自己的心声，我们去认真倾听，帮助他们走出自卑和痛苦，自信地继续大学生活。（大一落差——F. 我能辨别出对方的感受）

材料4

一次班会上,我和班里女心理委员发给每人一张纸,要求大家写出升入大学以来所遇到的各种问题,主要是心理方面的问题。结果部分同学反映大学同学之间的关系明显不如中学同学之间的关系密切,感觉很少交流,甚至就像不认识一样,感觉大学里朋友太少。而且和老师之间除了上课几乎就不能见面,感觉不到中学时的班级温暖……还有部分同学说大学学习非常紧张,绝不亚于高中时期。而且遇到不会的问题不能及时解决,有时会感觉很茫然。

班上有一位同学总是不去上课,有一次找他闲聊听了听他的想法,具体内容如下:他觉得到了大学后好像认识了很多人,但是大家都各自做自己的事,互相交心谈话的时间少了,感觉很孤单,对大学生活有点厌恶,所以就不怎么去上课,在一个社团工作每天不停地做事来消除他的孤独感。但是越是这样孤独感越强烈,这使他很困扰。(孤独——D. 我能听出对方背后的需求)

材料5

我选择了一个平时比较少说话的同学作为我的倾听对象。

心声内容:我来自一个偏远的小县城,天津是我到过的最大的城市,这里的一切都那么的新鲜,但是这种开心在同学们相互了解之后就逐渐减少,身边的同学们多来自大城市,家境富裕,经常出去吃饭,等等,我开始感到自卑,不愿意让其他人感觉到我的贫寒,于是和其他同学渐行渐远,独自闷头学习。但我也明白这并没有什么,我们还是平等的学生,只要我努力,我就可以缩短和别人的差距,我相信自己,永远。

我被这个同学深深感动了,他虽然自卑,但是依旧自强不息,值得每个人学习与钦佩。我作为心理委员也要将他的乐观和顽强的精神宣扬给其他同学。(农村来的学生——C. 我能听出对方字里行间的言外之意)

材料6

她说:她感觉不能够和宿舍的人相处到一起,每次大家在一起说笑的时候,她都在一边听着,但却从来没有参与过。她说她也想和舍友好好相处,但不知道该怎么做,怎样和她们融合在一起,她感觉现在自己很孤单、很压抑。通过我们之间的聊天,我了解到她是一个比较内向的人,不善于和别人沟通。然后我说在开始的时候很多人都会这样,但是以后就会好的,我告诉她要开朗阳光一点,可以和她们说一些你喜欢的事情和一些你的想法。然后她就朝着这个去做了,而且她和舍友的关系也逐渐改善了,开始融入她们之中了。现在她生活得很开心,和舍友相处得也很好。(社交问题——D. 我能听出对方背后的需求)

材料7

我的室友在高中是文科生,自从进入天津大学这个工科院校之后,对学校的学习环境和氛围不太适应,因此缺乏学习的动力,成绩不太理想。他曾告诉我,学校里到处都是工科的实验室,图书馆大部分藏书都是理工类书籍,人文社科类图书少之又少,所学课程多为自然科学,人文社科类课程开设甚少,几乎形同虚设。他表示,在这种环境下文科生的生存空间很小。他决心发奋图强、刻苦拼搏，利用天津大学这个平台，通过自己四年的努力，把自己从一个文科生变成一个理科生，使自己成为一个文理兼修、全面发展的高素质人才。（学习问题——E. 我能通过对方的描述了解其目前面临的处境）

材料 8

某同学自进入大学以来，一直能很好地学习、生活，成绩也很优异，但是最近向我倾诉他的一件烦心事：他喜欢上一个女孩，对方也很优秀、长得漂亮、学习认真刻苦，但男生害怕表白过后会带来负面影响。他担心被女生拒绝，不但不能进一步发展，而且会影响两人的正常关系，以后见面尴尬。他找我倾诉过几次，每次我都鼓励他，让他勇敢一点，或许结果会不一样。他现在开始慢慢放开心结，变得主动了、大胆了，生活也变得更开心了。（恋爱问题——C. 我能听出对方字里行间的言外之意）

材料 9

宿舍内某同学曾向我抱怨过近一段时间生活的单调和无聊，于是我主动与他交流，了解他的心声。

他说道，高中时只需专心学习，其他什么事都不用自己操心，但现在生活、学习、社团等各种事情都需要自己思考，有些累，也有些无聊。他说自己是那种愿意"被动"，而不是愿意"主动"的人，整天宿舍、教室、食堂，三点一线，本以为上了大学自己能充分利用的时间多了，但为了学习成绩，还是要继续这种略显单调的生活。（生活规划——D. 我能听出对方背后的需求）

材料 10

我的一个学姐，她曾经是她所在市里最好学校里一名成绩优异的学生，因为高考发挥得不好，没有考上心仪的大学，考上的学校专业也是被调剂的，因此总是郁郁寡欢。因为不喜欢这个专业，于是平时拼命学习想转专业，但是她转专业失败了。还由于她总是一个人，所以她没什么朋友，和室友的关系也一般。她现在的目标是好好学习争取保研。但是她告诉我虽然她成绩好但是她不快乐，她想要和别人搞好关系，但是她早年因为成绩好养成的戾气让她不愿意放下姿态去找别人，也不知道如何和别人打交道。但是同时她觉得现在的生活除了孤单点其他都很好，所以她很迷茫，不知道该怎么办。（社交问题——B. 我能够抓住对方说话的重点）

材料 11

同学：这次考试发挥得很不正常，很多计算的错误，好多看起来很简单的问题竟然出错，真是不可原谅的错误。为什么会这样呢？不应该呀！这种问题不应该出现在我的身上，是不是我最近没有刻苦努力呢，我学习的方法是不是有问题，我要如何进行改进呢，我的问题到底出在哪里呢？如果这次考试我在计算上的问题没有出现，应该和以前的成绩差不多。我考得这么差，同学们会怎么看我，会不会质疑我的学习能力，我是不是会从此一蹶不振？还有，我最近感觉有好多不顺利的事情，为什么考试接二连三地失利呢？这是可以说明问题的。这些到底都是为什么呢？我很困惑。（考试失利——C. 我能听出对方字里行间的言外之意）

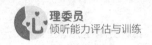
材料 12

有一天吃饭的时候,我们班的一个女生这样对我诉说:"大学一年即将过去,我真的不知道这一年来我都做了些什么,感觉自己总是在失败,从一开始的竞选班长、参加学校主持人大赛,再到后来的竞选小班、团推优,我都失败了!你看我们班的某某,刚来的时候感觉我们能力都差不多,但为什么他就能取得那么多的成功,而我都是在失败。现在感觉我们的差距越来越大了。老天怎么对我这么不公平呢?哎,现在真的很迷茫啊!"(失败——C.我能听出对方字里行间的言外之意)

材料 13

在我 9 岁那年我不慎从行进的自行车上摔下,因此,当时我脸上留下很大一片伤口。它愈合得很慢,我开始痛恨自己的面孔,开始害怕、自卑。有一天父亲带我出去散心(那时伤疤还没有好),我不爱戴帽子,因为伤口很痒。父亲对我说,"把帽子戴上吧,至少在院子里带上吧"。院子是父亲单位分的,左邻右舍都是父亲的同事。后来伤疤是褪下了,一点痕迹都没有留下,但那些痛楚都留在了心里,我怨恨我的父亲。(恨父亲——A.我能分辨对方讲话的真假;F.我能辨别出对方的感受)

材料 14

"其实我们家供我和我弟弟上学也不是很困难,但是我的高中同学都告诉我,'咱们是农村来的孩子,别去和城市里的孩子争什么抢什么,比也比不过他们,咱们就申请贫困,拿些补助,好好念咱们的书就行了。'可是我不想这样,我觉得自己可以去做些兼职挣些钱平时用,也不会花家里太多的钱,我不想因为自己是农村来的就去申请贫困,我爸爸妈妈也不支持我这么做,我觉得还是自食其力比较好。你们平时也多监督我,让我别乱花钱,我自己也注意,有什么兼职的工作也帮我多看着点,我考虑这个暑假就不回家了,留在这里打工挣些钱。"附我(心理委员)的一些看法:这个女孩特别阳光,性格很开朗,我们都很喜欢和她在一起。她家里的情况我们以前大致也知道一些,我了解她的好强和自立,通过这一次谈话,我感受到了一种力量,这种力量让我自己能更加坚强,也让我体会到做心理委员的责任。在和同学交流的过程中,我能感受到她对我的信任,这让我觉得自己的工作还是到位了,应该说我很欣慰也很知足。(农村同学申请贫困——C.我能听出对方字里行间的言外之意)

材料 15

在期中考试后,我们班有个平时学习很认真的同学没考好,我感觉他情绪很不好,放学时就和他一起走回来,在路上,他对我抱怨:平时他花了那么长时间在学习上,但总是考不到希望的成绩,为此总感觉自己不如别人。而在高中的时候他也是用这种学习方法,却能取得很好的成绩,为此他感觉很苦恼。我就鼓励他,让他振奋起来,不要为一两次失败而苦恼,同时推荐给他一些好的学习方法。回来之后,他的情绪终于好了很多。(学习问题——E.我能通过对方的描述了解其目前面临的处境)

材料 16

我特意约了一名考试成绩不理想的同学晚上一起出去散步,路上,她向我倾诉了她内心的真实想法与她心中的苦恼。

"其实,"她说,"我一直都是一个比较努力的学生,每天虽然课程都满满的,但是晚上下课以后,我都要再去自习室看一会儿书再回寝室,因为宿舍里环境比较乱,而自习室就不一样了,我在那里心里比较平静。"她顿了一下,继续说道:"只是,即使我用了比那些男生多很多的时间,成绩也依然远远落后于他们,怎么赶也赶不上。看那些男同学们每天上完课就打球、玩游戏,好不轻松自在。我多么想自己也能够像他们一样学得轻轻松松,最后还能拿到一个很好的成绩啊!"

我可以理解,在一个像天津大学这样的工科院校里,女生们承受着多么大的心理压力与精神负担,进入大学,随着知识的深度不断加深,擅长理科学习的男生日益凸显其优势,而女生们呢,对于同样的知识,她们可能需要更多的时间去消化吸收,她们的大学生活也可能因此比男生们少了很多的乐趣。是的,通过这次聊天,我也深刻了解到,工科大学里女生的学习困境是我们不容忽视的一个重要问题,需要我们用更多细腻的心思去体会,去了解她们的想法,并想办法帮助她们走出心灵的困境,这必然是每一个心理委员不容推卸的责任。(学习问题——C.我能听出对方字里行间的言外之意)

材料 17

我有一个室友是一个来自农村的女孩,她对于一些亲戚在她考上天津大学后串门频繁很是讨厌,她说她父母都是老实的庄稼人,家里养猪、养鸭、种地,平时只要姑姑叔叔家有困难,她父亲哪怕是下着大雨、大雪也会骑着自行车去给他们送钱,有一次她父亲在回来的路上还摔了一跤,在医院住了几天。而且在她家要借钱时他们反而推三阻四,而他亲戚们借钱的现象仍旧不断,连平时都不怎么串门的人,在她高考后都想到她了,每次回家好不容易可以帮父母干些活,他们又让她去帮忙辅导他们家孩子的学习,这些亲戚的一切行径都让她感到厌烦。(亲戚问题——F.我能辨别出对方的感受)

材料 18

"现在一点都不喜欢我的专业,没有一点学习的动力和兴趣,觉得很没前途。有时候感觉很无聊,大学过得颓废,缺少了自我控制力,经常为自己虚度光阴而耿耿于怀,但又不知道该干什么,让自己支配时间有点不知所措,没有了方向。"

听完后劝告是:既来之则安之,是金子在哪儿都会发光。专心于所学的基础知识,心有余力则可以从事喜欢专业的学习,拓展视野。大家在同一起跑线上,为自己的大学生涯制定一个明确的目标——即使是短期的规划。合理分配时间,参加兼职或社会实践,都可以提升自己的能力,不要总抱怨现在的生活,要学着适应,相信明天会更美好。(不喜欢自己的专业——E.我能通过对方的描述了解其目前面临的处境)

材料 19

一名心理委员倾听到的故事(用第一人称写):"有个男生向我暗示,想和我发展男女关

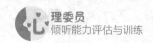

系。我其实不讨厌他，可是如果要进一步发展的话，我觉得自己也没有到喜欢或者爱的程度。可问题就在于，我好像对谁都没有这种喜欢的感觉，或者，可能是有，但我没有意识到、不知道。因为这个原因，我已经拒绝了好几个人了，我不知道自己什么时候才能有那种"爱"的感觉，如果一直没有，那我该怎么办呢，随便找个人还是一直单身下去？"（恋爱问题——G. 我在听完后能正确回忆起对方说的内容）

材料20

同学：生命太脆弱了，经不起任何打击。而人生在世，好人为什么那么命短呢？和他一起努力准备高考时的那种开心，一起通宵玩闹的快乐，都一去不复返了，而我确实是不能忘怀那些记忆中的片段，而一旦想起这些，我就会失眠，甚至忘记学习。

心理委员：你的好友病故，而关于他的回忆导致你无法正常生活、学习。

同学：（皱眉）我的成绩开始下滑了，也明白这样下去不是办法，可是我不伤心是不可能的，也许是天命难违，可上天为什么让他英年早逝呢？虽然困惑，但经过朋友和恋人的安慰、劝诫，再想想人生无常，生老病死乃正常之事时，我心里也就平衡一些了。

心理委员：虽然我有些不太确定，不过我隐隐感觉到，虽然你经过了别人劝说以及自己的反思，但你的内心因为已故之人依然无法平静。

同学：（叹息）我现在有种无力感，就是那种感觉自己力量不足、身心俱疲，想挽回什么却又力不从心、无可奈何的感觉。

心理委员：很多事情不是人能左右的，虽然你的朋友病故，但你能用生老病死乃正常之事来安慰自己，已经很不容易了。（朋友病故——A. 我能分辨对方讲话的真假；E. 我能通过对方的描述了解其目前面临的处境）

第五章

训练活动三：
用"行"传意

一、活动介绍

✏️ 活动方式

通过网络会议方式进行。

◎ 活动目标

成员进一步相互了解,增强团体凝聚力、合作性,训练倾听时对非语言信息的掌握和运用。

📋 活动内容

1. 热身活动:介绍他人

介绍自己能记住的他人信息,并说出与倾听有关的他人特征。(10分钟)

2. 主题活动:循环传递

活动流程如下(40分钟)。

(1)主持人介绍"非语言辅助"维度6个项目的意思,如图5-1所示,着重讲什么是非语言。

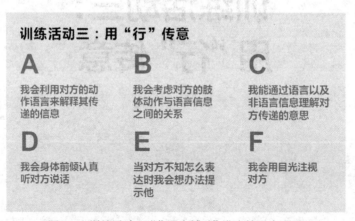

图 5-1　训练活动三"非语言辅助"维度的 6 个项目

(2)由主持人和助理演示一遍。

(3)正式开始组员传递,自愿男女搭配:第一个人与第二个人共同合作行为表达意思(第一个人表达,第二个人解释),第二个人和第三个人共同合作行为表达意思(第二个人表达,第三个人解释)……如此循环下去,直到每个人都既是扮演者也是解释者。

3. 结束活动:一句话总结

每人用一句话总结与主题有关的感受。(10分钟)

二、活动实录

（一）热身活动：介绍他人

1. 赵心北介绍郑能兰

大家好，我觉得这个环节于我而言是"作弊"的，因为有位同学是我们班的，郑能兰是 19 级工科班的同学，她也是我们班的心理委员，她家在南方吧，像是江苏，记不太清楚了。经过几次接触之后，我感觉她有一种不像印象中的那么南方的性格，而是很适合当哥们儿的那种性格。

2. 钱理洋介绍孙委南

孙委南是我们心理委员课程六组的成员，他给我比较深的印象就是干脆，因为网上交作业的时候，什么话都不说，他第一个交，我还没催作业上来他就给我发到微信群里了。这次要交作业的时候又是他先提出来，"来不及画要不然就先找一个高德地图，而且是黑天的帅一点的"，既果断又能想出点子来。

3. 孙委南介绍钱理洋

听口音他应该是东北人，然后选组长是摇色子（指骰子）谁点大谁当组长，他也很有担当，揽下组长的责任，平时收作业什么的也没有怨言。他是一个比较靠谱的人。

4. 冯训菊介绍吴听梅

我不认识她，就上次听了她的自我介绍，不知道记得准不准确。好像是精仪学院大三的学姐，我觉得她看起来挺文静的，但是也是一个很开朗乐观的人。上次印象很深刻的是她说她喜欢听毛不易的音乐，我觉得她应该也是一个心思细腻的人。

5. 周倾中介绍李员开

我记得上节课的时候，李员开说他剃了光头所以戴帽子，然后也喜欢打羽毛球，我觉得他非常乐观，即使剃了光头也愿意和大家开通视频交流。

6. 王力竹介绍吴听梅

因为她给我的印象就是她的名字很诗意，像武侠小说里女侠的名字，从上一次的介绍中，我好像听到她喜欢打乒乓球，希望能够与她有更多的交流，可以这样与她交朋友。

7. 李员开介绍周倾中

他是我们组的组员，他是药学院药学专业大三的学生，平时和我有一样的兴趣爱好，也喜欢打羽毛球，平时比较乐观，活泼开朗。我们一起完成作业的时候就感觉他比较有领导力，就是能提出好的建议。

8. 陈练棠介绍郑能兰

我对她印象比较深是上次她说她家不南不北没有暖气，我觉得这个事情特别有意思，因为我家在内蒙古，暖气特别热，烧到四月份，所以我在家就一直穿短袖，她看起来很文静，但

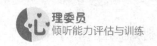
是比较乐观,对于这种比较"惨"的事情,也乐于与大家分享。

9. 郑能兰介绍陈练棠

我上学期就和她见过一次,她可能不太记得,一次校乒乓球比赛,大家都可以参与的那种,我对她的印象很深,她当时就参加这项活动,肯定属于打乒乓球很厉害的那种,应该是比较豪迈,可能我性格内向一点,不过我现在觉得她还是非常亲切。

10. 吴听梅介绍冯训菊、王力竹、赵心北

冯训菊给我的印象就是她比较慢热腼腆,但是会打乒乓球,也是精仪学院大一的,和我是同一个学院的,我们也算是比较有缘分,她给我的感觉就是看上去就比较亲切,很温柔的那种。

(吴听梅同学把没有被介绍的同学也介绍了一遍)

介绍王力竹:她是法学院大三的,然后我们选过同一节英语课,算是见过,但是以前并不认识。王力竹说她喜欢乐器。

介绍赵心北:他是精仪学院工科班大一的,他给我的感觉就是很像工科班出来的学生,看起来就比较自信,然后谈吐比较有逻辑。

(二)主题活动:循环传递

1. 李员开——王力竹

李员开:我就说说我剪头发的事,因为当时上完一节课,老师说可能要上8周的网课,我当时头发就挺长的,我一听8周这么长该怎么办,我就想不如直接剃个光头还挺舒服的,第二天我才想起来我还有一个心理的课,然后我就赶紧买了个帽子,就这件事,现在想起来还挺后悔的。

——王力竹:通过我的观察感觉李员开同学一开始是不愿意看镜头的,眼神有点飘,有一种不太自信的表现吧,可能因为他刚刚剃了光头,而大家都有头发。从他的肢体上感觉他坐得比较正,但是正得又有点僵硬,笑得也有点尴尬,可能也是内心不自信的一种表现。他的穿着上他戴了帽子,想遮掩他的光头,总体来说他还是对自己剃光头发有点介意吧,因为我们还要开视频,大家都能看到,但是我觉得没有关系。

2. 王力竹——周倾中

王力竹:我有段时间压力很大,感觉自己揽了很多活,加上一些考试吧,就比如拿雅思考试来说,就觉得自己说英语口语时很不自信,和外国人说话就会非常紧张,一进去就会发抖,然后考官问我一些问题就整个人已经懵了,跟不上,考得不是很好,考完之后我都快哭了,就觉得成绩不是很好。就是特别大的问题,口语上不太自信。

——周倾中:她说的是她考雅思的经历,然后我不是很擅长分析人的肢体语言,我觉得她说雅思考得很差,口语不好,不知道考官在说什么,一边跟着摇头,可能当时真的挺窘迫的,还有捂嘴的动作,这都是对自己当时表现的否定行为吧。当然雅思本来就很难考,我也考了很多次。

3. 周倾中——冯训菊

周倾中：我想说心理课那个重名事件，就是有两个人叫周倾中，然后他们都没有意识到有另一个周倾中，我们得知，我们都在第二组的时候，我建了一个微信群，另一个周倾中建了一个QQ群，就相当于两组一拨人在微信群，一拨人在QQ群，所以即使到第一节课上完的最后交作业，大家也没有意识到有两个周倾中，幸好最后发现了这个问题，我去了别的组这个问题才得到解决。

——冯训菊：就刚刚周倾中在讲的时候，我感觉他一直想抑制住他的笑，应该觉得刚好有两个重名的人很奇妙，后来发生的事情又有一点尴尬，我不是很会看人的肢体语言。

（主持人：好，我想问下你听的时候后面两点怎么做的，有身体前倾吗，注视他了吗？）

冯训菊：有的。

4. 冯训菊——钱理洋

冯训菊：在上学期期末的时候，我喜欢很久的一个歌手要在上海开演唱会，刚好是我期末考试完第二天。提前一个月我就迫不及待买了票，因为大一考试的最后三个考试，学校安排是三天才考一门，我就有点按捺不住，有点不耐烦，特别是到最后两门，因为想到要去见歌手，我喜欢这个歌手很久很久了，我就非常激动，最后复习也不是很好，果然最后两门课也没有考得很好，但是演唱会现在想起来还是很开心。

——钱理洋：我刚才总觉得她说话充斥着一种莫名的遗憾，我开始以为她没听上演唱会呢，但是，是听到演唱会了，还是会因为去听了演唱会使自己分心，结果两门课没考好，心存遗憾，确实是遗憾。

5. 钱理洋——陈练棠

钱理洋：我说说我今年从天津回家的遭遇吧，就是暑假开学回天津的时候，我没把羽绒服提前带到学校，结果寒假再回家的时候就没有羽绒服，因为已经适应天津的温度了，心想家里再冷会冷到哪去，然后坐高铁回家，下火车，一出站，立马就觉得整个人冻成了一只刺猬，有点想掐死自己的感觉，因为自己大意就没带羽绒服，导致自己冻成这样。

——陈练棠：我感觉这个同学不愧是学保密的，他的表情管理和肢体都非常隐蔽，我什么都没有看出来，就是感觉这个同学没有很遗憾，把这种事当成一件趣事，我大概看出来这些。

6. 陈练棠——赵心北

陈练棠：上个月发生的事情，有一位老师，他要求大家交作业，你是几班的就一定要按他的格式写，如果你的学号和姓名写反了他就特别生气，你要交作业用Word你就从头到尾都得打字不能插图片，特别严谨。我是一个特别随性的人，第一次作业写得乱七八糟的，然后那个老师直接在群里和我通视频，我当时都惊呆了，就很尴尬，后来大部分同学都没达到老师的要求，老师就建了一个群聊视频，然后大家面面相觑，就觉得特别尴尬，这件事情现在想起来还是特别尴尬、后悔。

——赵心北：我看陈练棠同学发言的时候，我就发现了一件事情，因为之前老师说过眼睛朝左看就是在回忆原来的事情，我觉得她在说这个老师"特别严谨"这个词用了很久才说

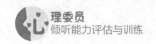

出来,或者这个行为不能用非常好的词来概括,所以说用了很长时间说了一个中性的词。整个讲述过程中,呈现一种打趣自己,和大家分享一个有趣的事情的状态。

7. 赵心北——郑能兰

赵心北:我想分享的是这样一个故事,我们老师要求我们下载一个抖音 App 用来看他的直播,因为我之前没有用过抖音嘛,结果随便一翻一看真好看,然后就沉溺其中,无法自拔。之后就看到了很多德云社相关的视频,我本身其实也喜欢相声,或者搞笑的形式,大概一个晚上,我就一直在看抖音,其实晚上也有些学习计划的,就把它放在那里,计划在这边,手机在这边,就一直翻翻翻,翻了很长时间,我就非常后悔这件事情,我觉得不能把这个娱乐贯彻整晚,这种行为非常不合适。

——郑能兰:他刚刚一直都是笑着讲述这件事情,自己也觉得比较可笑,其实挺正常的,我觉得他当时可能挺欢乐,现在也觉醒了,就这样。

8. 郑能兰——孙委南

郑能兰:前两天发生在我身上一件非常惊心动魄的事情,我鼻梁骨里面有点歪,有一次去看医生,他也说十个人里面只有两个人是好的,小时候经常会流鼻血。那一天,早上起来,鼻子有点痒,稍微碰了一下就开始流血,一直止不住,然后止了一个半小时才停住。中间我一个人在家里的一个地方,其他人都在别处烧火做饭,听不到我喊救命,我又不敢太大声,因为大声吼的话我又怕鼻血太激动更厉害。然后一直很急,因为上网查了很多方法都没用,后来家里人终于听到我的呼救,就拿了冰箱里零下 18 摄氏度的冰团敷在我额头上、鼻子上,虽然手指都冻得没有知觉,但是我的鼻血还没好。然后我妈说有什么家传秘方,弄点马兰能止血,我们家里正好有马兰就洗了拿来塞到我的鼻孔里,确实挺有效。我现在也不知道是冰团的作用还是马兰的作用,我现在打算到了寝室去种几株马兰。

——孙委南:首先我觉得她是一个非常乐观的人,因为她几乎每一句的语调都是往上扬的,能把自己的一个疾病当成笑话讲给大家,然后还能听出她是一个很有条理的人,能把这件事情的前因后果讲得非常清楚,最后我看她在讲话的时候身体有些左右摇晃,眼神也是左右摇摆,可能看出她有一点紧张,这是我的分析。

9. 孙委南——吴听梅

孙委南:在大年初二,新冠肺炎疫情暴发的时候,我发烧了,当时我非常紧张,因为 1 月 9 号我坐那趟高铁从天津回家的时候,是从武汉发的车,所以我非常紧张,很害怕自己感染上了新冠病毒。如果这个事情没有发生在我身上,发生在别人身上,我会非常支持他们隔离,及时上报,但是发生在我身上我就不想上报,想在家里挺着,我吃了退烧药,但是不见效,内心也非常慌张。我们家周边有几个发热门诊,但是我没去那里看,去了一个小诊所,那个医生给我看了,说我是普通的气管炎,给我吊了水,最后烧退了,所以我觉得这也是挺忐忑的一件事。

——吴听梅:我这边网络不好,我看视频都动不了,我就尽量听语音语调。我听他讲的时候,他的语气比较平静,可能是因为这件事已经过去了,但是语气没有高兴的成分,可能是因为这件事情虽然过去了,但是想起来还是让人觉得心里很害怕,他的表情也比较平静,大概就是这些。

10. 吴听梅——李员开

吴听梅：以前在大二的时候，有一门英语课，是演讲与口才，期末的考核形式是每个同学都要穿着正装，脱稿去演讲。平时已经训练了很多次，期中也有训练，期末的时候我当时非常想把这个做得很好，但是准备的时间不太长，就是前一天晚上背稿子觉得熟练了，然后第二天我就感觉自己准备的时间比较短，害怕在台上说不出来，早上就用自己的手机录视频，当时录了两次都能流利地说出来，我就觉得稳了。第二天上课前我也没有过多的去复习稿子，结果到了台上我就突然什么都想不起来了，别的同学都带稿子上去，如果不能脱稿的话还能看一下，我当时什么都没带，上去想不起来的时候，我就什么都说不出来，然后那样的状态大概持续了两分钟，在那两分钟之内我真的特别想下台，就不要讲了。因为当时老师什么话都没有说，全班同学也都在等着，在两分钟之后，最后把能想起来的那一点说完了。这件事情发生之后，我就觉得特别尴尬，因为当时不止有我们班的同学还有别的专业的同学，他们都表现得非常好，我就觉得自己是表现最差的，所以就一直都很后悔，不应该把注意力放在别的上面，应该多背背稿子，如果以后还有这样的机会，就应该在内容上多下一点功夫。

——李员开：我这边的画面有些断断续续的，就说我看到的，这位同学在讲的时候，眼神上下左右移动，可能一直在仔细地回想这件事。别人在说自己的故事时很多都是笑着说完的，这位同学讲时很少笑，可能这件事情对她真的印象特别的深刻，而且，有一些难过回迫的感觉。这位同学在讲的时候思维非常清晰，讲得非常完整，就这些。

（三）结束活动：一句话总结

（1）钱理洋：我说话的时候，就注视对方这件事，一说话眼睛就会往下看，就是不自觉就会往下看。

（2）陈练棠：我觉得很久没有一次见到这么多人，一次和这么多人交流，感觉很开心，今天又学到了一些关于倾听方面的知识。

（3）郑能兰：今天听到大家的故事感觉很丰富也很有趣，我就想说，我是每次讲话都很紧张，我也不知道说什么，用什么词。

（主持人：讲得很好了。）

（4）吴听梅：我想说倾听就是既要前倾也要聆听，既要身体前倾也要用耳朵聆听。

（5）王力竹：通过今天这次活动，我学会以倾听者的角度认真观察对方，从对方的语言中抓到一些细节一些信息，很受用。

（6）周倾中：我知道在听的时候应该直视别人的眼睛，但在现实中我是做不到的，如果我和别人说话我直视别人的眼睛我会自己先躲开，回避，我想不只是我有这个问题吧。

（7）冯训菊：通过这节课我理解到一个人在表达的时候，语言的内容是可以有所隐瞒的，但是他的不经意表现出来的语气和肢体动作很难骗人。

（8）赵心北：大家讲的这些关于倾听的事情都讲得很好，我就说点别的吧，因为我觉得最重要的事情是要尽量让自己活得开心一点，在这个时候我希望大家和父母好好相处，和自己好好相处，然后开心快乐，谢谢大家。

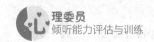

（9）李员开：我感觉我与别人交流最大的问题就是我的普通话不太好，有非常浓厚的河南口音。特别是平翘舌不分，因为这个我的舍友经常模仿我说话的语气，我说一句他们模仿一句，所以你越紧张就越容易犯这些毛病。

（主持人：我觉得你的普通话比我说得标准很多了。）

李员开：哈哈，谢谢老师。

（10）孙委南：我想说的是可能我不喜欢面对镜头，我平时也很少用微信发语音，我感觉这也是沟通上的问题。

第六章

训练活动四：
听而有应

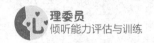

一、活动介绍

✎ 活动方式

通过网络会议方式进行。

◎ 活动目标

增进团体合作,训练倾听时的回应反馈,倾听既是读懂你,倾听也是我反馈。

📄 活动内容

1. 主题活动 1 : 男女搭配分组

两人一组男女搭配(以目前彼此还不熟悉为最佳);倾听者对诉说者的回应,回应方式具体化,倾听者需要对"回应反馈"维度 6 个项目尽力逐个展示,如图 6-1 所示,争取做到回应方式多样化,再角色互换,由另一人扮演倾听者。采用线上方式进行时,彼此具体交流方式请截屏说明。(30 分钟)

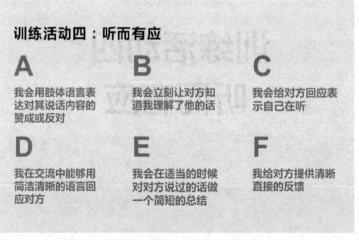

训练活动四:听而有应

A 我会用肢体语言表达对其说话内容的赞成或反对

B 我会立刻让对方知道我理解了他的话

C 我会给对方回应表示自己在听

D 我在交流中能够用简洁清晰的语言回应对方

E 我会在适当的时候对对方说过的话做一个简短的总结

F 我给对方提供清晰直接的反馈

图 6-1　训练活动四"回应反馈"维度的 6 个项目

2. 主题活动 2 : 共同分享

分享活动体会。(20 分钟)

3. 结束活动:一句话总结

每人用一句话总结与活动主题有关的感受。全组成员齐喊三遍口号:倾听既是读懂你,倾听也是我反馈。(10 分钟)

二、活动实录

（一）主题活动 1：男女搭配分组

首先介绍本次的活动为"听而有应"——倾听者不仅要听懂对方的话，而且要有恰当的回应；然后主持人详细解释怎么回应；最后以自愿搭档的方式，让大家进行两两组合，让他们添加对方 QQ 或微信，进行沟通，沟通方式不限，可以文字、语音、视频等方式，沟通内容也不加以限制。开始 15 分钟为一人诉说另一人倾听，之后 15 分钟角色互换，共进行 30 分钟。

1. 周倾中邀请郑能兰搭档

（略）

2. 钱理洋邀请陈练棠搭档

（略）

3. 赵心北邀请冯训菊搭档（微信聊天）

赵心北：一开始的时候，我感觉在家上课很好，因为不用早起。之后我就发现，在家会被家长"投食"，很快就无限长胖。

冯训菊："投食"太形象了！

赵心北：（语音）最开始的时候，我就觉得在家里自己能把时间利用得更充分，因为，就会减少很多在路上骑车呀，或者是出去打饭等那些很零碎的时间，把它用来干一些更有意义的事情。比如，可以健身，或者可以学一些新的技能。本来是可以，一开始是能维持住自己上学的那个作息，之后就是越来越懒惰。就越来越感觉这是在上网课，和上课的感觉不一样，所以就把自己起床的时间拖得越来越晚。基本上每次都是如果要先签到，就是先在床上签到；如果说要先加入会议，就先进去，然后再慢慢地开始刷牙、洗脸，吃个早饭。

冯训菊：一模一样！

赵心北：（语音）之后就发现上网课的时候，这个学习的感觉和真正坐在那儿听老师讲课的感觉，是不一样的。因为缺少和老师的课堂互动，一些难的内容就更难理解了。而且，有的时候有些老师是没有视频的，都是 PPT，就会看得很没劲，感觉就像看那种速食的小说，也就一翻就过去了，但是其实有很多东西自己还没会。

冯训菊：理想太美好了。

赵心北：（语音）对对对，就自己想的永远都非常美好，但是实际上是不一样的。（有一段语音未转成文字）

冯训菊：注意防护，口罩还是该戴的。

赵心北：（语音）对，我觉得，现在如果疫情稍微好一点，大家可以尝试着，在做好防护的情况下，可以外出走动一下。

冯训菊：嗯嗯。（语音）我感觉我喜欢的话题可能是有关我喜欢的一个歌手，就是李健。你听说过吗？就是《贝加尔湖畔》的词曲唱者。我真的喜欢他，好多年吧，我从高中的时候就开始就听他很多很多的歌，然后，一些访谈，什么他参加的节目我都会去看。

赵心北：巧了，我也喜欢他。

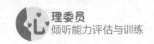
冯训菊:(语音)很长一段时间真的是非常迷恋,但是因为正在读高中,所以很多时候就不能去现场。

赵心北:感觉声音很空灵。

冯训菊:(语音)我就感觉很遗憾,错过了他之前的一轮演唱会,然后在我读高三的时候,他又举行了新一轮的巡演。但是巡演日期大多数时候处在我高三的备考阶段。是的是的,他那个《庆余年》的《一念一生》,当时真的特别火爆。有一次就很遗憾,就是四五月份的时候,他来参加杭州的一个音乐节,当时从我家开车过去只要20分钟。但是,因为快高考了,很紧张,所以我就没有去看。那时候我记得,因为我高中没有住校,每天我爸爸接送我的时候,早上六点多去学校,晚上差不多十点再回家,在路上听的都是他的歌。他那些歌,我每一首都会,听了一遍又一遍。

赵心北:对呀,对于自己喜欢的歌手要是不能去看演唱会,是蛮可惜的。他的高音一点也不觉得费力,感觉很舒服。

冯训菊:(语音)但是我上次说过,我最后去了他今年1月11日在上海的那场。我本来想这轮巡演我肯定一场都不能去,因为他本来是在北京有一场,但是刚好那天我们要考"四级",我就没有安排。然后又是11日,我一直以为我们那一天有可能还在考试,所以也是纠结了很久。等后来那个考试安排下来了以后,我毅然决然地就说一定要去看这一场。

赵心北:秋裤男神,哈哈。真实呀,长的是真帅,而且有绅士的感觉。

冯训菊:(语音)其实他很吸引我的第一点就是他的歌,然后我发现他这个人也很幽默,很风趣。包括在一些访谈里面,他都表现得很通透。他对人也挺好的,我记得很清楚,就是他对自己的专辑从来不做什么宣传,包括演唱会。但是毛不易的一场演唱会,他却发了一个微博。他发的最长的微博,是推荐毛不易的第一张专辑。(一个视频)

赵心北:高级幽默。

冯训菊:最帅现场之一!超爱这个。

赵心北:比那些只会飙高音的歌手好,有情感。

冯训菊:(有一段语音未转成文字)

赵心北:就是高音不让人听着累才是真的厉害。

4. 吴听梅邀请孙委南搭档(微信聊天)

孙委南:那我先做一个自我介绍。我叫孙委南,来自精仪学院。

吴听梅:嗯嗯。

孙委南:我平时喜欢打打篮球、弹弹吉他什么的。

吴听梅:不错的爱好。

孙委南:曾经在精仪学院学生会任职,参加过一些活动。

吴听梅:天南舞会?

孙委南:迎新晚会,新歌赛啥的,都是过去的事情了,平时比较喜欢旅游。

吴听梅:嗯,你去过哪里呀?

孙委南:近两年去了塞尔维亚,然后去过巴厘岛做志愿者,就是喜欢瞎玩,导致学习不太好……

吴听梅:挺好啊,读万卷书行万里路。

孙委南：成绩在我们专业排中上游吧。

吴听梅：那也挺好的了。

孙委南：还行吧，我就是想到啥说啥了，我的偶像有库里和斯嘉丽·约翰逊。

吴听梅：（表情包：托腮）

孙委南：一个是体育方面，一个是……好看方面。

吴听梅：斯嘉丽是哪个领域的，我正要问。

孙委南：好莱坞女演员，黑寡妇。

吴听梅：明白。

孙委南：复联（《复仇者联盟》）。

吴听梅：喔想起来了，我也很喜欢黑寡妇，但我不知道她叫斯嘉丽。

孙委南：今年有她的独立电影，但是现在推迟上映了。

吴听梅：等春暖花开了就去看，我好久没看电影了，在家里憋着。

孙委南：是呀。

吴听梅：我感觉在电影院看还是很不一样。

孙委南：我们家这边电影院还没开呢，对对，IMAX 极致体验。

吴听梅：有一种很治愈的感觉，很解压。整个世界就是那个很大的屏幕和你，别的都不用考虑。

孙委南：没错。

吴听梅：你喜欢发表情包吗？

孙委南：喜欢，表情包有不同的含义。

吴听梅：我也喜欢。

孙委南：（表情包）

吴听梅：我喜欢比较搞笑的和比较萌的，我给你分享两个我最近比较喜欢的表情包吧。（两个表情包）你看她俩的动作，倾斜的角度一样啊，莫名有缘分。

孙委南：（两个表情包）

吴听梅：欧阳娜娜！

孙委南：我都是这个画风的。

吴听梅：这些动图都莫名很搞笑。

孙委南：你是测控几班的呀？

吴听梅：测控四班。

孙委南：测控的都很强。

吴听梅：并不，我就比较菜。

孙委南：你们最近有考试嘛？

吴听梅：4 月 20 日有测控电路。

孙委南：我们下周考激光原理。

吴听梅：疑惑该怎么考，光学很难。

孙委南：我们用学习通考。

吴听梅：和光有关的，我都觉得很难。我们还没说，但我觉得这次像开卷考。

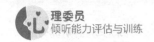

孙委南：对，我们有一门这周结课，就没法考试。

吴听梅：啥课呢。

孙委南：光通信技术原理。

吴听梅：你们专业全是光学，我工程光学学得不好，所以对于光有些害怕。

孙委南：就是那种，一科学得不好，其他全崩盘了。

吴听梅：厉害的光信学子。我们有门课第八周才开始，不受疫情影响。

孙委南：那估计可以在学校上了，比较舒服。

吴听梅：嗯嗯。

5. 李员开和王力竹自动组成一组

王力竹：我先说一个之前挺让我后怕的一个事儿吧。是随便说啥吧，有主题没有？

李员开：随便说。

王力竹：嗯呢，我开始了。

李员开：开始。好长啊，我该怎么体现出我在听。（表情包：我认真听着呢）

王力竹：是我高三时的一件事。我是住校生，平时就周六回家，有一天我起床的时候摸见我锁骨那儿长了一个结，摁着发烫还可以活动。当时吓坏了于是我就上网查百度，不查不知道，一查吓一跳，我的症状好像是什么淋巴癌。当时我头脑一片空白，不敢告诉室友和家人，请了假偷偷去医院，路上满脑子都是我要是没了妈妈怎么办——独生子女的悲哀。然后排了一下午队检查，医生告诉我是良性肿瘤，擦擦药就没事了，那一刻我才松了一口气。嗯呢，你在认真听嘛？总之有一种自己在外面出了什么事自己扛着怕家人担心，内心又很孤单无助的感觉。

李员开：真是刺激的经历。

王力竹：就这样，说完啦。

李员开：坚强的学姐。

王力竹：感谢倾听。

李员开：我是不是还要总结下。

王力竹：啊，可以。

李员开：（表情包：认真）

王力竹：准备好啦你就可以说了，我在认真倾听。

李员开：就是在高三的时候，你锁骨那长了一个结，百度了一下很像淋巴癌。怕朋友和家人担心，虽然比较害怕，但还是自己去了医院。结果并没有想象中的那么可怕。

王力竹：总结很到位。（表情包：赞）你几句就说清楚了，哈哈，我发现我说了一堆。

李员开：我说一件事，是关于我初中一个很好的朋友。当时我们几乎形影不离，在学校无论是吃饭还是干什么基本都一起。

王力竹：嗯嗯，中学的友情最让人怀念。

李员开：假期我们一起打游戏，讨论自己眼中的国家大事，异想天开的发明，还有火爆的动漫。

王力竹：听着呢。

李员开：但是，他中考没考好，高中就分开了。后来，情谊越来越淡，再加上不是一个村庄的,再见面也不知道说什么,差距也越来越大。至高中往后,就没有他那样无话不说的知心朋友了。就这样。

王力竹:我也和你有过相似的经历,感同身受。

李员开:知心朋友还会再有的。

王力竹:要相信,一些人的出现都有他的意义,这段回忆就是他给予你最好的礼物啦。

李员开:对。

(二)主题活动 2:共同分享

1. 周倾中

我们组是我先倾诉的,我倾诉的问题是我感觉自己有多动症,就是注意缺陷多动障碍,然后我向她举了几个例子,比如最近上网课期间,她一开始觉得挺好笑,但是随着我说,她也明白我说的多动症是一种心理障碍,不是手脚多动,是注意力难以集中。然后她给了我一些建议,比如在上网课的时候要有一个好的环境等。我觉得作为倾诉者比较难的是我不知道什么时候该停下来,她回复我到什么时候我该继续往下说。(先扮演倾诉者)

然后我变成了倾听者,她向我诉说人际交往的时候有时会感到有一些紧张的问题,我问她坐电梯有其他人的话会不会感到紧张,会不会一直看电梯到哪层了。我在想作为一个倾听者的时候,你的话是不是一定要比倾诉者少,比如"嗯""哦"这种回应词语的使用频率,这是我要说的,请郑能兰同学继续说吧。(后扮演倾听者)

2. 郑能兰

刚开始我们是用文字交流比较多,然后我们用的视频通话。可能有一些地方我会回"嗯"之类的表明我在听的一些词,是在回应认同他讲的一些话,认真听的意思。他刚刚讲述的他的问题——多动症,因为之前我对多动症了解得不是很全面,我以为是停不下来手会忙乱什么,听他说完,我简单总结了一下,感觉他没有多动症。他就进一步给我解释了多动症会有注意力不集中这方面的情况,然后我也理解了,给他提了一些可以参考的建议。(先扮演倾听者)

等到我讲的时候,我讲的主要是刚开始上心理委员课时人际敏感的问题,我觉得我之前包括刚才也有一点,之前比较严重,他会引入一些相关联的话题来引导我,感觉他更加理解我的问题。(后扮演倾诉者)

3. 赵心北

我们组双方没有讲问题,而是阐述了一些事情。我是讲了些自己在疫情期间的感受,在她倾听我的时候,她感觉很有共鸣的地方就会给我一些反馈。(先扮演倾诉者)

我倾听她的时候,我感觉我的每一句回应都是需要讲点什么,感觉真的有感而发,所以我觉得倾听这个(技能),重要的是真正把自己的想法传递出去,那些技巧什么的可以稍微往后挪一点,把自己的感受传递给对方,我觉得倾听不是只倾听而不表达自己的观点和感受,倾听的过程也是在聊天,一个成功的倾听应该是一直在聊天的,这样的话双方都会感到比较舒服。(后扮演倾听者)

4. 冯训菊

他讲述上网课的时候，起初还能按照在校时的节奏参加线上的课，然后慢慢地就感觉怠惰了一些，我真的很有共鸣，给他反馈了我也有差不多的情况出现。到后来，他给自己提出了一个建议，可能在家的时间太久了，现在疫情有所好转，可以做好防护，出门走一走调节一下心情，然后再学习。（先扮演倾听者）

我们两个在交流的过程中，感觉就像聊天一样，然后特别好的一个地方就是对方的话语都特别能让我产生共鸣，就是你希望他讲什么的时候，他就发出那么一句话，然后就自然而然地一直聊下去，我感觉这样一种交谈方式特别好。

5. 孙委南

我们没有针对一个单独的事件去倾诉，以了解彼此为主。通过聊天，在我倾诉的时候她可以给我及时地反馈，然后我知道她在听我说话，而且在提到一些爱好什么的，她会给我一种积极的评价。（先扮演倾诉者）

之后我在听她倾诉时也是给了她一些及时的反馈，而且我们是同一个学院的，我们对很多事情都有同样的看法，比如我们都觉得光学非常难学，我们还有一些共同的爱好就是都喜欢发一些表情包之类的东西。我感觉倾听一方面是听，一方面也是要回应，通过彼此的交流我们可以更加了解对方。（后扮演倾听者）

6. 吴听梅

我们在聊天的时候，不知道是不是进行这个训练的原因，就我自己的感觉而言，在他倾诉，或者我们交谈起来的时候，如果我发现我们在各说各的，我就会想办法去回应他刚刚说的事情。这样就让我意识到平时交流的时候，如果不是有意识地这样去做可能就会"鸡同鸭讲"——他说他的，我说我的。因为我们在训练嘛，会有意识地给对方回应，所以我们的交谈就会比较容易进行下去。（先扮演倾听者）

而且在倾诉的时候，也会因为对方有一个好的回应，和平时有不一样的感觉，就是你说的每一个句话他都听到了。（再扮演倾诉者）

7. 钱理洋

我们两人的交谈也是用"唠嗑"的方式，互相讲也没有什么大的问题，然后令我印象比较深的就是，我们之前一直都是尴尬的，不知道聊什么，结果这时候她突然说你认不认识一个专业的同学，然后这个同学我们都认识，话就聊开了，从这个同学聊到体育课，从体育课聊到自己课业的学习。动作的话，我觉得我的动作太多了，喜欢挠头、比画，陈练棠因为是用手机视频所以看不到手，但是她面部表情非常丰富。我觉得倾听也是聊天的方式，一定要先把话题打开。接着就请我的搭档继续说一下。（未区分倾诉者与倾听者）

8. 陈练棠

（主持人：你们有没有角色互换？）

基本没有，我们就是比较融洽地唠了 20 分钟，我们一开始也没有什么问题要说，就随便聊，在这个过程中也都诉说了、倾听了。（未区分倾诉者与倾听者）

9. 李员开

我们说了一些上大学之前的事，因为学姐她是一整段一起发过来的，然后我就一直盯着屏幕"对方正在输入中"，我不知道干什么，就一直给她发表情包，让她知道我一直在等着。然后等学姐发过来，我就从她的角度去了解她的心理过程，在这个过程中我感觉学姐就是一个一直为家人着想的人，也是一个比较坚强的人。然后这件事也算是虚惊一场，学姐当时说的时候，就感觉她真的是比较慌张，因为她当时发现身体有一些症状，去百度查了一下又发现有一种病和自己的症状一样，就非常害怕。但是又怕家人知道后伤心，在这个过程中也感觉学姐是一个非常坚强的人。（先扮演倾听者）

在我说的时候，学姐也对我说的进行回应、总结和建议。（后扮演倾诉者）

10. 王力竹

首先，我们是用打字的方式交流，第一阶段是我来做倾诉者，可能我一直在滔滔不绝，在敲字，然后他可能怕尴尬就一直给我发表情包，表示他一直在认真地听我说。我把我的故事讲给他听过后，他也给我一些鼓励，说我还挺坚强的，挺为家人着想。我觉得在这个过程中，他发的表情包都用得挺好的，舒缓一下那个气氛，虽然我在说一个担惊受怕的故事，但是他尽量让这个过程缓和了下来。（先扮演倾诉者）

第二阶段，我作为倾听者听李员开和我说故事的时候，他没有像我一样说一大段，而是一句一句地说，我说我在听。他说的是他曾经一个非常要好的朋友，从无话不说，到渐行渐远。他感到有点失落吧，我就从我的经历，分享我的感受，就希望他向前看，有更好的人在远方等着他。（后扮演倾听者）

（三）结束活动：一句话总结

（1）郑能兰：其实我感觉大家都挺聊得来的，从最开始陌生、不熟悉、没有什么话讲，到后来会滔滔不绝，所以我觉得每个人都挺好的，交流也不是那么困难。

（2）钱理洋：我想对我今天的搭档说"合作愉快"。

（3）李员开：当自己有烦恼的时候，不管以什么样的形式，说出来总是好的。

（4）冯训菊：就今天这个聊天方式，两个人刚开始不太熟悉会比较尴尬，但是慢慢会感觉渐入佳境，越来越接近平常的聊天，也更接近真实。

（5）赵心北：我就想讲一下自己的感觉，我觉得倾听和别人交谈的方式其实是和送别人礼物一个道理，你送别人礼物的时候，你把自己喜欢的东西送给他，他也会感受到你的情感。

（6）吴听梅：在倾听和你输出一些话语的过程中，其实倾听也是一种交流，即便是现在疫情期间在家待着，也可以多和父母交流。我们平时与家人可能很少用一些倾听的技能，用心去听的话可能会发现和平时不一样。

（7）周倾中：我发现我好久没有和另一个人这样沟通过了，我以为我在沟通方面没有什么问题，但是沟通后我也发现一些问题，比如分析对方的时候不知道正不正确，我感觉还有很多要学的。

（8）陈练棠：我想感慨一下身边有趣的人还是非常多的，大家要勇敢地跨出第一步，我

也是第一次和一个不熟的人视频,觉得是很有意义的一天,我也特别期待下一次课,谢谢我的搭档。

(9)孙委南:通过这节课,我觉得在倾听的时候及时给对方一些回应和反馈,会让交谈变得非常融洽,然后可以继续推进下去,另外我发现人和人都会有一些共同点,只要能够发掘出来就能成为一个很好的交流内容。

(10)王力竹(手机没电了,是在群里发的,助理代为陈述):我发现作为倾听者不仅能帮到他人,也能帮助自己,所谓渡人亦渡己。

三、活动资料:训练活动辅助内容

1.维度项目的排序

各项目在探索性因素分析中的自然排序,如图6-2所示。

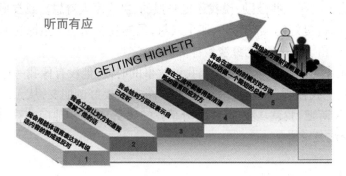

图6-2　各项目在探索性因素分析中的自然排序

根据抽象与具体之不同,对6个项目进行重新排序,如图6-3所示,其中依次分为最左侧三个内容比较抽象的项目与最右侧三个内容比较具体的项目。

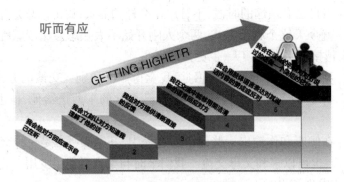

图6-3　6个项目的重新排序

2.组员大五人格特质数据的补充

我们试图找出参加团体心理行为训练活动的各位学生在性格上的一些特征,以及这些特征与他们发言上的主动性、表述性与互动性等方面的关系。

组员的大五人格特质数据，如表 6-1 所示。

表 6-1　组员的大五人格特质数据表

序号	提交答卷时间	姓名	开放	宜人	尽责	神经质	外倾性
1	2020-3-20 20:15:04	冯训菊	34	39	32	23	28
2	2020-3-20 20:15:10	陈练棠	38	33	30	25	30
3	2020-3-20 20:15:11	吴昕梅	36	32	23	22	29
4	2020-3-20 20:15:29	孙委南	36	37	34	24	22
5	2020-3-20 20:17:04	钱理洋	34	39	28	24	26
6	2020-3-20 20:17:26	周倾中	38	37	18	21	32
7	2020-3-20 20:18:04	赵心北	38	41	31	18	27
8	2020-3-20 20:18:36	李员开	36	36	31	26	28
9	2020-3-20 20:21:08	郑能兰	42	44	31	27	22
10	2020-3-22 10:15:28	王力竹	42	43	30	27	20

同时，对新校区未参加培训的 10 名心理委员进行前测，以便做第二对照组，如表 6-2 所示。

表 6-2　未参加培训的 10 名心理委员前测数据

序号	姓名	性别	年龄（周岁）	年级	倾听前测得分
1	CGT01	男	20	大二	73
2	CGT02	女	18	大一	73
3	CGT03	女	22	大三	74
4	CGT04	女	22	大三	75
5	CGT05	男	22	大三	81
6	CGT06	男	19	大二	87
7	CGT07	男	19	大二	85
8	CGT08	男	20	大三	85
9	CGT09	女	20	大二	85
10	CGT10	女	20	大三	85

第七章

训练活动五：
我听出，你的心情是……

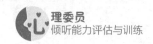

今晚团体活动涉及的维度为心理委员需要关注的被倾听者的感情、情绪、表情与性格等,其核心内容可简要概括为被倾听者的心情。

所以,本次团体活动的名称可称之为"我听出,你的心情是……"。在此我们把心情的主要类型具体化为"惧怒哀乐"与"惊恨爱",从中选择了偏负面的惧、怒、哀、恨,以及偏中性的惊,共 5 个字作为本次活动的主要内容。详细活动方案如下。

一、活动介绍

✏ 活动方式

通过网络会议方式进行。

◎ 活动目标

训练倾听时关注对方的技巧。

📋 活动内容

1. 主题活动 1:角色扮演

(1)用惧、怒、哀、惊、恨 5 个字做成 10 个"签"(每个字有一次重复),随机编成 1~10 号,由 10 位同学随机抽取(网络版:主试自己随机提前抽取并记录好 10 个编号的对应情绪,团体训练时,成员只需要叫号,主试即告诉其需要扮演的情绪,并私发给该成员,成员领到后不能告诉其搭档)。(10 分钟)

(2)两人自愿一组,由一个人扮演一个情绪角色(言辞、动作),由其搭档(即本组另外一个人)观察推断对方的情绪状态或特征。推测时其他人可以表态,充分利用好。(20 分钟)

2. 主题活动 2:共同分享

参考"体察关注"维度的 4 个项目,如图 7-1 所示,分享活动体会。(20 分钟)

3. 结束活动:一句话总结

每人用一句话总结与活动主题有关的感受。(10 分钟)

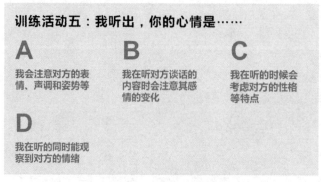

图 7-1 训练活动五"体察关注"维度的 4 个项目

二、活动实录

每个成员从 1～10 中选择一个数字，每个数字对应的情绪由助理私发给该成员，成员之间相互不知道其他人要扮演的情绪。

小组成员选择数字如下。

孙委南：7—惧；冯训菊：3—惊；郑能兰：1—哀；王力竹：9—哀；陈练棠：4—惊；

钱理洋：2—恨；赵心北：5—惧；周倾中：6—怒；吴听梅：8—恨；李员开：10—怒。

（一）主题活动 1：角色扮演

1. 陈练棠和孙委南（主持人分配组队）

（1）陈练棠扮演"惊"：我这个是一个字，我表演一下，"哦呦！"表演完了。

孙委南：应该是惊。

陈练棠：对，优秀。

（2）孙委南扮演"惧"：我也是一个字，哎呀，我明天要表演一个节目，要上台，要在很多人面前，怎么办啊？

陈练棠：是紧张吗？我这边有点卡，我退出重进一下（注：网络团体活动中常见问题之一就是图像的稳定性与视频的流畅性等）。

孙委南：那我再表演一次，我其实不太擅长表演，我还是一个字，我明天要去学校参加一个节目，台下面有好多人啊，有好几百人，好害怕啊！从来没有在那么多人面前说过话，好害怕啊！

陈练棠：是怯吗？

孙委南：不是，这个字不常用，就是我好害怕啊！

陈练棠：是惧？

孙委南：对对对，就这个字。

陈练棠：配合愉快！

2. 钱理洋邀请李员开组队

（1）钱理洋扮演"恨"：我这个情绪也是一个字，我用一句话吧，三十年河东，三十年河西，莫欺少年穷！没了。

李员开：是豪吗？

钱理洋：不是，我再说一句，你给我等着，十世之仇尤可报也。

李员开：恨。

钱理洋：对对对。

（2）李员开扮演"怒"：我是两个字（注：表述不准确，李员开把"怒"一个字理解为"愤怒"两个字），你瞅瞅你，放假回家，吃完睡、睡完吃，干啥啥不行，游戏第一名。

钱理洋：愤怒？

李员开：对。

3. 郑能兰和王力竹（主持人分配组队）

（1）郑能兰扮演"哀"：我是一个字，我想到了两个版本，一个是有声音的，苍天啊；还有一个就是比较静默的那种，表情，眼皮下垂、低头这种。

王力竹：悲？

郑能兰：差不多。

王力竹：有点想不到呢？哀？

郑能兰：对，不知道表达得合不合理，第一种是哀号的那种，悲痛长鸣；另一种是一种意境，说也说不出话来，哭也哭不出来。

王力竹：哈哈，好，挺好的，两种方式。

（2）王力竹扮演"哀"：哎，昨天晚上复习到凌晨五点，结果考试的时候睡着了，没考好，哎。

郑能兰：我觉得有点像伤心懊恼的感觉。

王力竹：差不多。

郑能兰：有点想不出来。悔？

王力竹：如果你考试没考好，你会怎么样？

郑能兰：伤心。

王力竹：对，用一个字表达伤心。

郑能兰：我不太知道，语文太差了。

王力竹：我要告诉她吗？

主持人：不用，一会儿我们分享的时候再说吧，可以，很好、很好。

4. 赵心北和冯训菊（主持人分配组队）

（1）赵心北扮演"惧"：我是一个字，我来讲述一个情景，有一个女生，忽然看到前面有个虫子飞了过去，然后这个女生尖叫，啊啊啊！

冯训菊：惊？

赵心北：这个字前面出现过，就是她看到一个东西，感觉非常的……

冯训菊：惧吗？

赵心北：对，她很害怕。

（2）冯训菊扮演"惊"：我这个前面也出现过了，也是一个字。你可以想象一下用老番茄的语气说，我的妈啊！

赵心北：老番茄的语气？

冯训菊：就不知道表达。

赵心北：是惊吗？

冯训菊：对，是惊。

赵心北：咱们和那组撞了，完全一样。好，那咱们组就成功啦！

5. 周倾中和吴听梅（主持人分配组队）

（1）周倾中扮演"怒"：（用行为表达的）双手握拳，用力地向下。

吴听梅：是怒吗？

周倾中：对，是的。

（2）吴听梅扮演"恨"：我的也是一个字，哼，我以后再也不想见到你了。

周倾中：是气吗？

吴听梅：不是，此仇不报非君子。

周倾中：能提示下吗？

吴听梅：就是比愤怒还要生气。

周倾中：恨。

（二）主题活动2：共同分享

（1）周倾中：我抽到这个是"怒"，我想了一下，用眼神表达应该挺困难的，然后想着愤怒的人会做什么动作，摔门啊，砸桌子、砸键盘什么的，我觉得我这个很好表示，但是我搭档这个"恨"，我觉得相对来说难表达，不仅对我难以理解，对她也难以表达。就两个表演恨的同学一开始都没猜到，所以恨是一个相对比较长期的情绪过程，不像怒，所以这种长期的情绪应该更难表示一些，这种长期的恨难用几秒钟几分钟表达出来。我猜了两三次都没有猜到，我想换一种情绪的话可能更容易猜到。

（2）吴听梅：我在猜情绪之前就想情绪一共有哪些，就想起分为喜怒哀乐惧恨惊，在我们这种情绪中除了喜和乐都包含了。像哀其实也挺难猜的，但是怒的话就是生气，就比较好猜一些，能从动作上就判别出来。对于恨的表演我当时也觉得挺难表演的，我当时尤其是从表情和动作上就很难表现出来，我就想借助一些话语来表示，但是最后呢，还是猜得不是很顺利，感觉当演员还是挺难的，表现出这些情绪。

（3）王力竹：我来揭晓一下答案，我刚刚表演的其实是"哀"，和郑能兰同学是一样的，所以她可能不太敢猜。我想说我刚刚的表演，我的表情管理可能没有做好，因为我觉得面部表情是能比较直观反映一个人的情绪的，然后我有点笑场了。郑能兰的语言表达我一开始觉得可能不一样，但没想到真的是一样的。从她的语言中大概能理解到那个意思，但是表情的话不太好欺骗别人，因为你如果处于一个低落的情绪或者不开心，你的笑若是强颜欢笑，还是能识破的。

（4）孙委南：在我表演的时候，我的那个字是"惧"，我首先想到这个通过动作表达应该是腿软、手抖什么的，但是通过一个屏幕不太好演示，所以我就想通过语言表达，然后在想日常生活中，通常恐惧和紧张是一起出现的，所以这两个情绪很难分辨。我就在我的语言中强调我很害怕，通过害怕可以表现"惧"这个情绪。在我猜的过程中因为我的队友表现得比较生动，用动作、语言还有语调表现出惊讶的意思，很快就能猜出来。

（5）郑能兰：我刚刚在准备表演"哀"的时候，可能刚开始觉得，在一些细微的动作，不容易通过屏幕察觉，我的表演能力可能也无法做到，然后对比王力竹的表演，我觉得可能每个人对哀的表达方式都不一样，或者理解得不太一样，我理解"哀"可能更像第二种静默似的悲哀。我觉得一个字光有"哀"可能有很多种，一些行为的话可能会有不同的差别，可以用不同的字来形容。

（6）钱理洋：我的字是"恨"，我就想这个字怎么表达，因为如果真的恨的话既不会说，恨到一定程度可能表情也不会显示，我想还是靠说，我想到我以前看过的一个动画片中的一

个角色说的话，我觉得这个挺符合"恨"这个意思的，我就和我搭档说了，但是很可惜，可能我说得有点问题，他没有猜出来。我看李员开向我表达的时候，我看了第一个反应不是愤怒，是嫌弃，后来看他的动作，他的手甩得特别有力，我后来想应该是发怒吧，所以我猜的是愤怒。（实际是一个字"怒"，由于搭档说的是两个字"愤怒"，他只好回答"愤怒"二字了，而且回答完后，搭档也认可了！）

（7）李员开：刚开始我拿到的不是"愤怒"，是"怒"，我记错了，我还特别纳闷为什么他们都是一个字。我刚开始想到的是菜市场那种讨价还价的场景，但是我一想也没有办法表达，我就结合寒假在家这么多天家长的表现，引用了一些家长的语言来表达这个意思。我在猜钱理洋的时候，首先想到的不是"恨"，而是那个动漫。当时看的时候就感觉特别的豪情壮志而不是那种恨意。后来他说第二句话的时候，我才往恨这个方向去思考。

（8）陈练棠：我抽到的是"惊"，好像是这些字里面最浅显的一个吧，就比较好表现，而我的搭档是"惧"，可能就偏难一点吧。通过这个过程，我发现大家的情绪都是不那么愉快的，而且都是比较容易混在一起的，一个人可能在不开心的时候，同时会又哀又惧又恨，所以我觉得情绪是一个很复杂的东西，不是一两个字就可以概括的。

（9）冯训菊：我们这组和陈练棠那组是完全一样的，我的是"惊"，搭档是"惧"。抽到"惊"的时候就脑子一下爆出来游戏主播，印象比较深刻就是比较魔性的那个声音。我当时没有想到怎么用表情来表达。我的搭档是像叙事一样描绘了一个场景，他说那个女生怕虫，好像也没有用什么表情，但是我觉得把自己带入一个场景还是能体会到那个人的心情的。

（10）赵心北：在我拿到"惧"的时候，我就感觉这个情绪不是很好表演，因为我觉得"惧"在很多情绪上都有体现，所以我觉得如果是用身体语言或者单纯的说话，就不能很直接地点到"惧"这个字上，所以我就寻找了一个典型的事件或者状态。因为我觉得如果把"惧"表现得很好需很大的表演功底，然后非常不巧我没有，就选择了这样一个方式来表达这个字。

（三）结束活动：一句话总结

主持人先起头：在听的过程中要听出对方的情绪不是那么容易，需要细致地区分。

（1）王力竹：通过今天我发现，每个人的性格不同，表达情绪的方式也是不同的，所以我们心理委员要善于去捕捉一些细节，才能更好地了解同学的问题。

（2）李员开：在别人讲话的时候，要多观察神态、表情、动作，可能会发现自己以前没有发现的一些方面，同时这个过程也是非常有趣的。

（3）吴听梅：我觉得像这些比较消极的情绪，在每个人身上都会有，但是只要是在合理的范围内，就不会对我们造成长久的伤害，但是如果这种消极情绪非常极端，过了一个度的话就会对我们的精神造成一定的损害。

（4）孙委南：通过这次活动，我觉得在生活中学会察言观色非常重要，要学会观察对方的情绪，当对方恐惧的时候可以说一些安慰的话、愤怒的时候可以不说话，等等，所以关注对方的情绪对心理委员来说是一个非常重要的技能。

（5）钱理洋：我觉得和别人说话的时候自己的表情控制非常重要，我自己的表情就一直在笑，而且控制不住，所以说话的时候还是要控制一下。

（6）周倾中：我觉得肢体动作更带有个人的习惯性，是更不容易控制的，相比语言是对方想让你了解的内容，所以动作更能了解对方真正的想法。

（7）陈练棠：我觉得平时和别人交流的时候，能够控制自己，能够比较真诚地盯着对方的眼睛，不打断对方、不笑场，都是非常重要的，这是心理委员应该具备的技能，尤其是在接收一些比较消极的情绪时，希望和大家一起提升这样的能力。

（8）赵心北：我刚才在大家说的时候脑子里一直围绕着一个话题——校园霸凌。这个我在上学期好多活动中都说过这个话题，但是我一直在想一个问题就是，当时我有一个英文的课，要写好长的一个论文，我就围绕这个写的，我就一直在想，那些小朋友更容易受到校园霸凌，一方面是因为他们身体没有那么强壮，另一方面他们不懂得拒绝对方。在对方做出自己不喜欢的行为时，不会说你不要这样，你这样我很伤心很难过。所以想要在生活中更开心、更快乐的话，就比如说你遇到了这样的霸凌事件或其他情况，第一个要做的就是告诉对方，你这样的行为我不喜欢。因为很多校园霸凌对方都不知道你其实是愤怒的。所以说有时候传达给对方一种愤怒情绪，也是让自己在生活中更快乐。

（9）冯训菊：我发现一个人的情绪是可以通过很多方面表现出来的，比如说语音、语调、表情或者是手势动作，每个人表现出来的情绪，有的人反应大一些，有的人反应小一些，所以不能只抓住一个点评判他的情绪，要综合来看，不然的话可能会有点片面。

（10）郑能兰：我的感受就是有些人对一些负面情绪会藏得比较深，或者表现得不是很明显，所以作为心理委员需要更加细心、敏锐一些。

第八章

训练活动六：
不应有的"打断"

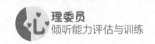
本次活动前专门对活动内容进行了一些修改与排练。

其中最重大的调整就是把"打断"对方讲话的时间从最初的2分钟减到1分钟,最后又把"打断"对方讲话的时间压缩到30秒钟。

因为我们自己通过扮演讲话1分钟,发现1分钟其实还是比较长的。而我们需要的只是"打断"与"不打断"的体验。故把1分钟进一步缩短到30秒钟。

一、活动介绍

✎ 活动方式

通过网络会议方式进行。

◎ 活动目标

增强小组成员对团体的认同,训练倾听时专注、不打断谈话。

📋 活动内容

1.热身活动:脑力激荡

同时想组名、组训、组规,想好后发给助教。之后再解读接龙,由其他同学解读别人的组名、组训、组规,再由本人补充说明。(10分钟)

2.主题活动1:打断与不打断

打断对方说话,不让对方完整表达(30秒钟)——记录打断次数;不打断对方说话,可运用之前学过的倾听技能(30秒钟),再角色互换。(20分钟)

3.主题活动2:共同分享

参考"不中断"维度的5个项目,如图8-1和图8-2所示,分享打断与不打断时的不同体会。(20分钟)

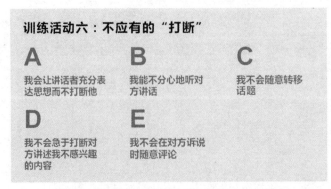

图 8-1　训练活动六"不中断"维度的 5 个项目

4. 结束活动：一句话总结

每人用一句话总结与活动主题有关的感受。（10 分钟）

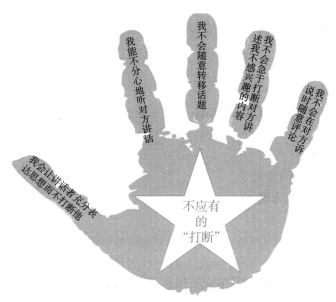

图 8-2　训练活动六"不中断"维度 6 个项目的灵活展示方式

二、活动实录

（一）热身活动：脑力激荡

1. 组名、组训、组规

首先由主持人示范，如图 8-3 所示。

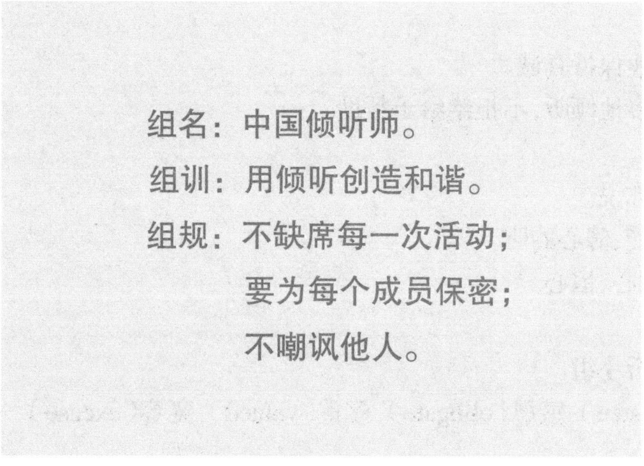

> 组名：中国倾听师。
>
> 组训：用倾听创造和谐。
>
> 组规：不缺席每一次活动；
>
> 　　　要为每个成员保密；
>
> 　　　不嘲讽他人。

图 8-3　组名、组训、组规示范

（1）孙委南

组名：倾听者联盟。

组训：聚是一团火，散是满天星。

组规：每周云端相见；掌握倾听能力；应用生活之中。

（2）钱理洋

组名：隐形倾听者。

组训：用倾听拯救世界。

组规：困难想解决，不想困难；团结第一，快乐第二；保守组的秘密。

（3）吴听梅

组名：倾心听心。

组训：倾听是心与心的交流。

组规：真诚倾听；互相保密。

（4）李员开

组名：听者有意。

组训：尊重每一次倾听。

组规：不缺席每一次活动；为其他成员保密；尊重并认真对待他人的发言。

（5）赵心北

组名：网络倾听学习小组。

组训：从倾听中感受沟通之美。

组规：不能缺席；有序进行发言和倾听；尊重每位参与者。

（6）郑能兰

组名：懂得倾听的小兔子。

组训：两只耳朵竖起来，你说的，我愿听。

组规：不缺席每一次活动；保密；用心倾听组员的发言和老师的指导；敞开心扉，大胆交流；客观对待事情。

（7）陈练棠

组名：树洞。

组训：追求专业保持真诚。

组规：尽可能多地倾听，不拒绝给予帮助。

（8）冯训菊

组名：天天听你说。

组训：用心感受，静心聆听。

组规：耐心、细心、恒心。

（9）王力竹

组名：倾言悦听小组。

组训：倾听（listen）、感恩（obligate）、尊重（valued）、宽容（excuse）——首字母组合为LOVE。

组规：用心倾听，感恩信任；尊重对方，学会宽容；保持谦逊，信守秘密。

（10）周倾中

组名：周五晚间倾听组。

组训：理解沟通。

组规：态度友好；客观尊重；积极发言。

2. 解读接龙

（1）孙委南解说赵心北的：他的组名是网络倾听学习小组，这个意思很明确，就是我们每周都是在网络上学习倾听，所以是网络倾听学习小组。组训是从倾听中感受沟通之美，就是通过每周的学习我们都能学习沟通的技巧，掌握一些沟通的内容，所以我们能感受到沟通之美。组规一：不能缺席，这个很简单，因为我们也没有人缺席；组规二：有序进行发言和倾听，在每周进行活动的时候都是按顺序或是单人发言或是小组进行发言和倾听；组规三：尊重每位参与者，就是在别人说一些自己的私事或是比较秘密的事时都会尊重，不会泄露之类的。（赵心北补充：就最后一点再补充一下，就是尊重每位参与者，因为我们是 10 个人，难免有些意见是不一样的，所以在听到别人和自己意见不一样的时候要求同存异。）

（2）赵心北解说吴听梅的：她把倾听分开，加了两个心进去，倾和听其实是差不多的意思吧，主要意思是，一方面听别人的时候要带着自己的感触，另一方面是你听到别人的那些话的时候要很深入地挖掘他到底要说什么。组训是心与心的交流，我觉得和组名是关联的，就是一方面你要感受，另一方面要了解对方内心到底在想什么。组规是真诚倾听，就是听的时候要通过用自己的技巧和感情，更深入地了解对方想表达什么；互相保密，因为我们这个组很多都是互相的隐私或者同学的隐私，所以要对外保密。（吴听梅无补充。）

（3）吴听梅解说李员开的：他的组名是听者有意，我感觉他的意思是说倾听的人不仅仅是听，还要带着他的思考去听，在倾听的时候是在用心、认真地去听。组训是尊重每一次倾听，就是我们在每次倾听的时候，要非常认真地去对待。组训是不缺席每一次活动、为其他成员保密、尊重并认真对待他人的发言，是说我们这个倾听小组比较重要的三个点。（李员开无补充。）

（4）李员开解说周倾中的：我感觉他的特别明了，组名是周五晚间倾听组，点出了我们相聚的时间，还有我们是一个倾听的团体。组训是理解沟通，就像我们的校训实事求是一样点明了对我们的要求。组规也是很明了态度友好、客观尊重、积极发言。（周倾中补充：他说的很好，我确实是参考了校训，写的最重要的一点是理解沟通。我的组规第三条没有人说过，因为倾听是一个相互的过程也要积极发言，我觉得他说得非常准确。）

（5）周倾中解说陈练棠的：她的组名是树洞，我觉得挺有创意的，我觉得树洞是一个可以说秘密的地方。组训是追求专业保持真诚，因为我们是一个学习的过程，在学习之后我们会尽量以一个倾听师的专业态度去听，虽然能力可能还没有达到，但是要以专业的态度去听。组规是尽可能多地倾听，不拒绝给予帮助，也是重在倾听，更在意倾听的反馈，也要提供帮助，我觉得挺细心的。（陈练棠补充：我觉得我就是这个意思，希望大家一边进步，一边保持一种真诚耐心的态度吧，他说得特别好。）

（6）陈练棠解说冯训菊的：她的组名是天天听你说，我觉得言简意赅又很亲切，就是每天每时每刻都准备好倾听的态度。组训是用心感受，静心聆听，组规是耐心、细心、恒心。我觉得他的意思主要是我们要保持一种比较持之以恒的坚持的精神，就是当一个倾听者是一

个长期的事情,要有准备给别人提供帮助的态度,要一直学习进步吧。(冯训菊补充:她说得差不多,组名的话是参考天津大学,算是一个谐音的意思。)

(7)冯训菊解说孙委南的:他的组名是倾听者联盟,很明了。组训是聚是一团火、散是满天星,应该和组名是配套的,就是说组里的人要团结吧。组规第一个是不缺席每一次的活动,第二个是学习倾听的时候掌握倾听的技巧和能力,第三就是要应用于实践,学以致用。(孙委南补充:我的组名是根据电影《复仇者联盟》改过来的,感觉挺类似的,都是一个小组之类的活动。组训是我们聚在这里可以学习倾听的技能,散开之后可以把这些知识传播出去。)

(8)钱理洋解说郑能兰的:她的组名是懂得倾听的小兔子,我觉得这个兔子让我眼前一亮,特别有意思。组训是两只耳朵竖起来,你说的我愿意听,我觉得兔子耳朵特别形象,就是起这样的组训本身也是很活泼的。组规:不缺席每一次活动和保密这是我们都共有的;敞开心扉、大胆交流,客观对待事情,我觉得很重要,想到我们在倾听的过程中可能会遇到特别主观的事情,我们要客观地对待。(郑能兰补充:我觉得有点幼稚,一说起组名的时候,小兔子两只耳朵竖起来就跑到我的脑海里,还有竖起来的意思还包含打起精神认真倾听的意思。)

(9)郑能兰解说钱理洋的:他的组名隐形倾听者,我觉得他的出发点应该是,他对我们说的时候不用担心我们会说给别人听,就当我们是空气一样,我也不知道理解得对不对。组训我觉得他很有担当,也是体现了倾听的重要性。组训:第一个是困难想解决,不想困难,我想一下,这个我不太懂;第二个是我们在一起要非常团结,在学习倾听的过程中也是一个非常快乐的过程;第三个就是大家都知道的,是要保守秘密。(钱理洋补充:困难那个我一开始是写错了,我想写的是有困难想怎么解决,而不是想怎么困难,只要思想不滑坡,方法总比困难多。)

(10)王力竹解说自己的:我解释一下,先说组名,我起的倾言悦听小组,倾言就是你可以尽情诉说,悦听就是我很乐意去听你说,然后组名也包含了倾听这两个字,这就是组名的含义。组训的四个词包含了倾听者的四项素质,倾听(listen)、感恩(obligate)、尊重(valued)、宽容(excuse)正好首字母组合为LOVE的意思,我觉得很有深意。组规我列了三条,根据组训来扩展。

(二)主题活动1:打断与不打断

为提高效率,助理提前分好组,如表8-1所示,分组标准为之前没有搭档过的。但是网上团体的缺点是不能互动,一方说的时候不能看到对方的反馈。

表8-1　10人分组

分组	组员1	组员2
一组	赵心北	孙委南
二组	钱理洋	周倾中
三组	李员开	吴听梅
四组	冯训菊	郑能兰
五组	王力竹	陈练棠

1. 一组

（1）孙委南扮演说者，赵心北扮演打断者。

孙委南：我想介绍一个大创（大学生创新创业训练计划）项目——

赵心北：我不想听这个，我对大创项目不感兴趣。

孙委南：就是一个非常有意思的系统，随着人们——

赵心北：我对这个也不了解，现在也不清楚。

孙委南：就是你现在穿的衣服是用布做的，我们现在有一个机器，他可以根据你——

赵心北：那这个机器能干吗呢？

孙委南：机器可以自动识别你穿的衣服是什么布料。（时间到）

（2）孙委南不被打断地说：我想介绍一个大创项目，就是随着人们生活水平的提高，布料在我们生产生活中的需求很大，我们需要在成千上万个布料中找到你需要的布料，一个新的系统应运而生，我们可以通过构建一个神经网络来提取布料中的纹理，以及其他有辨识度的信息。根据图像，在样本库中提取出来，这是一个非常有前景的人工智能系统。

（3）赵心北扮演说者，孙委南扮演打断者。

赵心北：最近我听到一个故事，我一个同学——

孙委南：我不想听你听到的故事，我想听你发生的故事。

赵心北：那也不行，我还得说，这个故事是这样，他作为一个负责人和另一个负责人搭档，这个负责人——

孙委南：负责什么东西？

赵心北：负责做一个策划，那个同学——

孙委南：关于什么的策划啊？

赵心北：这个关于什么的我也不太清楚，这个负责的同学不负责任，把很多推送都推给他。（时间到）

（4）赵心北不被打断地说：其实这个故事是和倾听有关系的，因为这两个负责人之间的沟通是有问题的。我的这个同学没有把要求清晰地传达给另一个负责人，他们两个就产生了意见上的偏颇，然后两个人传达给下面的人的内容都是不一样的，导致最后做的东西不齐，而且方向也不一样，都是零散的，最后他们俩熬了很多时间，自己重做了一遍，没有起到很好的领导作用。

2. 三组（二组一位同学掉线，三组先说）

（1）李员开扮演说者，吴听梅扮演打断者。

李员开：我们学院最近举办了一个电竞活动，我和我的舍友准备参加一个王者荣耀的比赛，但是我们只有四个人，然后我们就在我们班找了另一个人，但是我们发现我们都不会玩打野，我们就开始——

吴听梅：打野是什么？

李员开：苦练各种英雄，然后谁都打不过，也没有特别——（时间到，吴听梅没有成功打断李员开）

（2）李员开不被打断地说：是我们学院举办了一个有关王者荣耀的比赛，我和我的舍

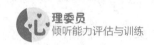
友准备参加这个比赛,但是我们只有四个人,就在我们班里找了另一个人,今天下午我们就约在一起打了几局,但是我发现我们没有厉害的人物,最后几乎是以全输的战绩结束了今天的比赛。

(3)吴听梅扮演说者,李员开扮演打断者。

吴听梅:我想说的是一次考试,那门课——

李员开:就像是一场梦。

吴听梅:卷子上——

李员开:我发现你今天的衣服好像是淡黄的长裙。

吴听梅:然后那些题给我们做,然后做的时候发现实际上不会,我们找那个老师答疑,那个老师说期末考试的问题——

李员开:我们有一门课结课了,要考试了。

吴听梅:就是我们知道项目是什么。(时间到)

(4)吴听梅不被打断地说:有一次期末考试,老师给了我们关于期末考试的题型,我们让老师答疑的时候,老师说是专业机密,他不能透露给我们,不能回答我们答疑的任何问题。然后,我们就没有任何办法,怎么问老师都不回答,最后我们只好把知识整理了一个框架,自己梳理了一遍,最后发现期末考试的题型和老师说的并不是完全一样,但是知识点是一样的,所以我们就成功通过了期末考试。

3. 二组

(1)周倾中扮演说者,钱理洋扮演打断者。

周倾中:我觉得这个分组就挺奇怪的,你们可以看一下,咱们都是被打断。

钱理洋:为什么奇怪啊?

周倾中:不是五男五女嘛,都是男女一组,我觉得这次都是被打断。

钱理洋:我觉得我们两个男的就挺好。

周倾中:对啊,所以这次比较奇怪,就是被打断。

钱理洋:我觉得不奇怪,多好啊。

周倾中:我觉得学姐可能是因为男女一组不太好意思打断。

钱理洋:我觉得非常好。

周倾中:所以男生和男生就好意思打断,但是男女一组的话,男生可能不太好意思去打断女生,女生也不太好意思去打断男生。(时间到)

(2)周倾中不被打断地说:关于大创这个事情,因为我是大三嘛,已经过了两年大创,我建议学弟学妹们,如果真的想做,找个靠谱的组。因为有的基本上就是半途而废了,大创最重要的是初选阶段,如果你能评上国家级、省市级,经费相对充足,如果评上校级,经费是不够做的。

(3)钱理洋扮演说者,周倾中扮演打断者。

钱理洋:我有一个朋友——

周倾中:男朋友还是女朋友?

钱理洋:我有一个朋友——

周倾中:男生还是女生?

钱理洋：他看到了返校的消息——

周倾中：如果是女生的话就挺有趣。

钱理洋：男的，他看到了返校的消息——

周倾中：你为什么和男生这么亲近，你要不要说一说有关女生的话题。

钱理洋：我那个朋友要返校的时候，他发现，不是五月中旬返校。（时间到）

（4）钱理洋不被打断地说：我想说那个朋友就是我，我那天看到了五月中旬返校的消息特别高兴，结果是只有毕业的年级五月中旬、下旬返校，后来再仔细看我们返校可能还没有影子呢。

4. 四组

（1）郑能兰扮演说者，冯训菊扮演打断者。

郑能兰：我要给你科普一下，我们家的小狗狗，它叫毛毛。

冯训菊：我们家不让养狗，我妈说——

郑能兰：不是，我没有主张你要养狗，我只是给你介绍一下——

冯训菊：一提起狗我就羡慕人家。

郑能兰：那你正好听一下满足你的需求。

冯训菊：你先说吧。

郑能兰：它的毛特别多，就是撸起来特别舒服。

冯训菊：那是不是很麻烦，每天还得洗澡。

郑能兰：没事的。（时间到）

（2）郑能兰不被打断地说：我其实就纯尬聊，就是我们家狗狗在我们吃饭的时候，就急着想吃桌上的食物，又疯狂喷鼻涕，就好恶心，上知乎也搜不到答案。

（3）冯训菊扮演说者，郑能兰扮演打断者。

冯训菊：我讲一下我前几天看的一场直播吧，我第一次看，是湖北公益直播，是朱广权和——

郑能兰：我也看了。

冯训菊：对吧，特别好看。

郑能兰：我还看了李佳琦别的直播，我们聊聊他别的直播。

冯训菊：我第一次看，是因为这个组合我才去看的，然后李佳琦之前的直播我什么都没有看过。

郑能兰：那你喜欢朱广权吧？

冯训菊：对，被圈粉。（时间到）

（4）冯训菊不被打断地说：我讲的是前几天第一次看的淘宝直播，他们是为武汉公益卖货的，在卖货过程中，朱广权他就是，包括平时上新闻也是用很多押韵的句子，人家说他是rapper，然后用很诙谐的方式来表达。那天我真是感到震惊，连续两个小时疯狂输出，我感觉其实读书还是有用的。

5. 五组

（1）王力竹扮演说者，陈练棠扮演打断者。

王力竹：我想吐槽一下我四月份需要完成的功课实在是太多了。

陈练棠：你为什么要吐槽四月呢？四月这么友好。

王力竹：等你体验一下你就懂了，等我说完哈。还有两章作业没写，还要做发展对象答辩的PPT。

陈练棠：发展对象是什么东西？

王力竹：这个是我的专业。

陈练棠：你的专业是什么呢？

王力竹：我还要做"毛概"（《毛泽东思想和中国特色社会主义理论体系概论》）的PPT，我还要写结课论文，本来只有三千字。

陈练棠：什么课？

王力竹：写完我还有大创要写。（时间到）

（2）王力竹不被打断地说：我就是想说一下我四月份需要完成的功课很多，我有两章作业没写，还要做发展对象答辩的PPT，做"毛概"的PPT，还要写论文，推送，我觉得我四月份真的是完全奉献给了学业。

（3）陈练棠扮演说者，王力竹扮演打断者。

陈练棠：这段时间趁着不开学，我正在考驾照，但是我——

王力竹：疫情期间还能学车吗？

陈练棠：就是这两天刚刚开始，科目二刚学了三次，科目三学了两次，我下周一就要考科目二了。我特别紧张，就一共上了五次课，我觉得我特别危险。

王力竹：我科目二也考了两次，但科目三一次就过了。

陈练棠：这两项我还都没考呢。（时间到）

（4）陈练棠不被打断地说：我刚才没有被打断，我就说点别的吧，我想说我遇到的这个驾校的教练真的好凶啊，就是感觉刷存在感，没有犯错也要大声地吼人。但是他有的时候认为自己是一个段子手，强行逗别人笑，所以我觉得这个驾校教练蛮奇葩的。

（三）主题活动2：共同分享

（1）冯训菊：就刚刚体验了一下，如果被打断，你本来脑子里已经想好怎么讲一件事情，然后在讲的过程中，你不知道你在哪个地方会被打断，你若顺着对方的话茬再往下接，就可能偏离了你本来想表达的东西，后来谈话会变得很混乱，也不是很有意义。

（2）孙委南：我感觉在我被打断的时候，就是我之前已经想好了怎么去说，被打断了之后，我后面要讲的内容一瞬间都忘了，如果不是在这个讨论里面，是在日常生活中，被打断了可能是对方根本就不想听你说话，我就不会接着往下说，这是我对被打断的感觉。没有打断就感觉思路很清晰，我想说什么都能表达出来。

（3）郑能兰：我刚刚被打断的时候很纠结，我在想要不要先回答对方打断提出的问题，或者是他的想法，因为那样谈话会被打断，也不顺利，或者不理他直接往下讲，但是这样又不太礼貌。所以还是很纠结，如果一下子自己说的话，就感觉输出很顺畅，就保持在一个很激动的状态，还挺好的。

（4）吴听梅：我在被打断的时候，我感觉原来组织好的话说不出来，很混乱，感觉语言都被打乱了。被打断后感觉对方不尊重你，他根本都不想听你说话，但是如果没有被打断，即使一开始思路不是那么有逻辑，因为他在认真听你说话，你就会慢慢组织好语言比较清晰地说出来。

（5）钱理洋：我被打断的第一个感觉就是说话开始走偏路很难受，因为本来是要说这个事，但是慢慢说着说着就偏离这个话题了，就怎么走也走不回来。所以我觉得被打断话题，很多人不喜欢。

（6）周倾中：我是刚才打断钱理洋的，钱理洋没有过多打断我，还是很温柔的，他一直在顺着我说。所以我其实被打断没什么感觉，感觉打断只要对方不是故意的，也不会对诉说者造成太大的困扰。如果你顺着他说，反而可以帮助他，说出他想说的。我觉得要合理分辨打断和回应的区别。

（7）王力竹：如果在我说话的过程中，打断我是想附和我，顺着我的意思的话，我觉得这个还行，我不会生气。但是如果他岔开话题去说别的，我觉得他没有认真听我说，自己也没有一吐为快的畅快感，有点内伤的感觉，就是让人感到不太愉快。

（8）赵心北：大家打断的过程我感觉非常搞笑，因为两个人说的其实是不一样的东西，就有种戏剧的感觉。还有同学引用了一些当下特别流行的一些"梗"，让我感觉非常搞笑，所以说如果想进行一项非常有效的交流，就不要引开话题去说别的，可以顺着同学去说一些话题会说得更透彻一点。

（9）李员开：在我被打断的时候，其实吴听梅的声音非常小，所以我没有受到太大的影响。但是有点疑惑她刚刚说的什么，我没听清，思绪有一点点乱了。我不被打断的时候，就感觉自己的思路非常清晰，觉得对方在跟着我的思路走，也感觉非常舒服。

（10）陈练棠：我觉得被打断若发生在现实生活中，是非常难堪、让人紧张的一件事情，所以大家一定要谨慎。然后看大家被打断的反应，我觉得被打断会降低彼此交流的效率，让谈话的质量下降很多吧。所以我觉得在倾听的时候尽量不要打断别人，要做一些比较温和的回应。

（四）结束活动：一句话总结

（1）吴听梅：我想说你的行为不仅仅是行为，也反应出态度，比如说打断别人说话这件事情，从行为上，不仅会让谈话效率降低，也会让说话者的逻辑变得非常混乱。如果谈话的人本身是一个比较敏感的人，他可能觉得你在针对他或者怎么样，我觉得给人一种内伤的感觉是非常不好的。

（2）郑能兰：我觉得有时候打断可能是无意的，可能你的兴趣点开始转移，不能跟随讲述者的思路进行下去。我想说不管你是有意还是无意地打断，还是尽量不要打断的好。

（3）孙委南：尊重别人就是尊重自己，今天你打断了别人的讲话，明天你讲话的时候别人就会来打断你。

（4）王力竹：我觉得在听别人说话的过程中，最好还是保持一个耐心和细心，如果想说什么尽量等到这个人陈述完之后再说，既能保持谈话效率，也是对对方的尊重。

（5）钱理洋：我觉得打断除非是别人真的不想听你的话，否则，打断可能是对我们说的某个地方产生了兴趣，想知道说的是什么，我觉得大部分都不是有意去打断的。

（6）冯训菊：我想说，不合时宜地打断别人，既是对他人的不礼貌，也显得自己没教养，就是损人不利己。

（7）周倾中：我觉得今天晚上的活动非常有趣，我想说上一个活动，大家都好有创意啊，倾听小组那个，听者有意、倾听者联盟、树洞，我觉得大家都非常厉害，像我就没什么创意了，觉得需要更深入地了解大家了。

（8）陈练棠：我想对大家说，可能我们快要开学了，希望能和大家一起进步，收拾好自己的状态，早点回到我们已经开了花的校园。

（9）李员开：打断这件事就像是说者无意，听者有心，可能自己是无意打断的，但是对被打断的人影响很大。

（10）赵心北：我发现今天大家都很积极，我一度连开麦（克风）的机会都没抢到。打断这件事在我们日常生活中还是很常见的，但是在正式的场合就不要去打断别人了，如果是在日常生活中和朋友或者家人，不是那么恶意地打断其实是能帮助双方相互理解的。

第九章

训练活动七：
你的心声，我愿意听

一、活动介绍

✏️ 活动方式

通过网络会议方式进行。

◎ 活动目标

熟悉每一个人,了解个体倾听意愿,形成愿意倾听的意愿。

📄 活动内容

1. 热身活动:消除盲区

让小组每个成员都进入生活的阳光地带——说出你的特征,让人记住你(把不太熟悉的成员名单同时写下来,发给助教,由助教统一发到"倾听小组"群里。不太熟悉成员标准:

(1)从未搭档过。

(2)讨论时彼此也没有过直接交流。

(3)开学以来至今课堂内外没有过互动。(10分钟)

2. 主题活动 1:绘画并解释内涵

参考如图 9-1 所示"意愿偏向"维度的 5 个项目,一个项目画一个"倾听意愿"状态(表意即可),此画可以配文字(分网络版和线下版,网络版由主试分配,线下版由成员自选,完成后拍照发给助教)。

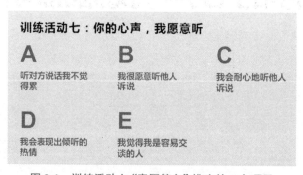

图 9-1　训练活动七"意愿偏向"维度的 5 个项目

材料:做一张明信片(每个明信片上印有一个项目,每套明信片含 5 张,两套共 10 张),如图 9-2 所示。(20 分钟)

3. 主题活动 2:共同分享

分享活动体会。(20 分钟)

4. 结束活动:一句话总结

合影截图,每人一句话(与主题有关)。(10 分钟)

图 9-2　制作明信片

二、活动实录

（一）热身活动：消除盲区

1. 每人写下的不太熟悉的人名单

（1）孙委南不太熟悉的人：李员开、周倾中。

（2）钱理洋不太熟悉的人：赵心北。

（3）陈练棠不太熟悉的人：赵心北、李员开。

（4）王力竹不太熟悉的人：赵心北、周倾中、冯训菊。

（5）郑能兰不太熟悉的人：李员开。

（6）周倾中不太熟悉的人：王力竹、孙委南、冯训菊、赵心北。

（7）冯训菊不太熟悉的人：钱理洋、李员开、王力竹、周倾中、孙委南。

（8）吴听梅不太熟悉的人：陈练棠、钱理洋。

（9）李员开不太熟悉的人：郑能兰、陈练棠、赵心北、孙委南、冯训菊。

（10）赵心北不太熟悉的人：周倾中、吴听梅。

2. 自我介绍

（1）李员开：大家好，我是 18 级自动化专业的李员开，我的一个特点就是个子比较高，我净身高是 187 厘米，哈哈，大家应该能记住我吧。（主持人：当时头发理得很短的。）

（2）周倾中：大家好，我叫周倾中，我的特点是不会说儿化音，数字 2 我都无法正确发出它的音，我觉得这是我的特点。

（3）冯训菊：我是来自精仪学院 19 级的冯训菊，刚刚李员开说自己特点是个子高，我觉得我长得也挺高的。有可能大家看到我在女孩里面个子比较高挑，我的身高是 175 厘米。（主持人：所以在网络会议室中大家身高就看不出来了，你的身高优势就显不出来，好处就是像我个子矮也显不出来。）

（4）郑能兰：我的特点就是有时候比较神经质，大家可能现在看不出来，听到一些比较喜欢的音乐的时候很神经质,就手舞足蹈这样。

(5)孙委南:大家好,我是17级精仪学院光电信息与工程专业的孙委南,如果让大家记住我,我想是通过我的专业吧,我想大家都知道爱因斯坦因成功解释了光电效应获得诺贝尔奖,如果你们以后想到光电效应就能想到我,是我的荣幸。高考报这个专业是光电效应,结果学了才知道和我想象的不一样,学了才知道特别难。(主持人:感觉距爱因斯坦是不是近了一点?)我感觉越来越远了,他在一九二几年研究出来的东西,我感觉现在还是理解不了,我觉得他领先了我们至少几百年的距离。

(6)钱理洋:大家好,我叫钱理洋,我是18级保密管理专业的,刚才李员开是身高187厘米,我是体重180斤,看我这个脸也能看出来我有点胖,我是大家中最胖的。平时有人问我专业的话,如果就回答"保密"这两个字有时候会引起误会,但是这种情况也不是太常出现。

(7)赵心北:我就从自己的性格特点说起吧,我感觉自己是一个既内向又外向的人,很多情况我会忽然变得很外向,有时候变得非常内向不喜欢说话,这样的一个性格。然后介绍一下我的专业与名字,我叫赵心北,来自精仪学院19级,谢谢大家。

(8)吴听梅:我来自山西,也是来自精仪学院的,我听歌比较喜欢听毛不易的和许嵩的。(主持人:毛不易的歌有什么特点?我是参加这次活动才知道毛不易的。)他的歌是比较抒情的那种,内容也多半与感情有关,或者是自己的感受。他的歌词也比较能引起人的共鸣,旋律也比较好听,所以就比较喜欢。(主持人:你愿意和大家分享一两句吗?)我是真的不会唱歌,这也可以算是我的一个特点吧,我唱任何歌都会跑调,包括儿歌和国歌、校歌。但是我可以分享一两句歌词:像我这样优秀的人,本该灿烂过一生。(赵心北演唱。)

(9)陈练棠:我的特点是比较喜欢笑,不管是紧张的时候还是尴尬的时候都会狂笑,来缓解这种感觉。刚才有人说自己比较高、有人说自己比较胖,我可能比较黑吧。

(10)王力竹:我也来说一下我的专业吧,我学的专业就是"劝人学法千刀万剐,学习法律日渐头秃"的法学专业。我特别喜欢的一个乐队就是五月天。

(二)主题活动1:绘画并解释内涵

1.陈练棠的项目为:听对方说话我不觉得累

绘画解释:一个微笑的小人拿着扩音器努力地听,如图9-3所示。

图9-3　听对方说话我不觉得累(陈练棠)

2. 郑能兰的项目为：我很愿意听他人诉说

绘画解释：画中一共由三个部分构成的，倾听需要用心，以及耳朵倾听。手表示的是张开手放在耳边的手势，意味着认真倾听、仔细倾听。图片整体是一个笑脸的表情，表示愿意倾听，在倾听的时候是乐意、轻松、愉悦的，如图9-4所示。

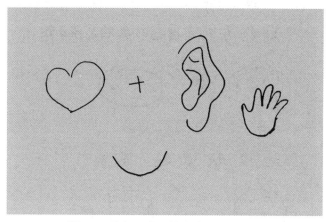

图 9-4　我很愿意听他人诉说（郑能兰）

3. 钱理洋的项目为：我觉得我是容易交谈的人

绘画解释：我们可以和各式各样的人去交谈，因为我画人画不出来，只能用球来代替。想画出大家自由交谈的表情，如图9-5所示。

4. 赵心北的项目为：我觉得我是容易交谈的人

绘画解释：虽然我画的不是很精细，但是我的元素比较多。先看中间这两个人，他们分别有两个对话框，中间有一条线连接起来，表示他们交流的时候有一座桥连接的，所以能进行沟通。右边这个人有三个框，第一个是大拇指，表示在听到他人说话时，我会赞扬他的一些优点；第二个是你可以怎么样怎么样，是我对他提出的一些方法上的帮助；第三个是即使你不来找我倾诉，但我仍旧等待着你。整个是大的伞上面有一些雨点，希望在与我交流的时候你能够忘却痛苦。最左边有一个小人儿，大家认真观察，左边的小人儿是一个哭脸，最最左边是一个笑脸，希望在我们交流以后，他能够快乐一些。还有最后一点，我自己身上是有一颗心的，所以我会用心去和他交流，如图9-6所示。

5. 李员开的项目为：我很愿意听他人诉说

绘画解释：这是两个小人儿，右边这个诉说者早上出门的时候被车撞了，然后他的腿和胳膊都打着绷带，他要把自己不幸的遭遇诉说给另一个小人儿。倾听者就是主人公，他搬了个小板凳坐了下来，身体前倾，竖起了耳朵听他说，如图9-7所示。

6. 冯训菊的项目为：我会耐心地听他人诉说

绘画解释：我只画了倾听者的侧面图，描绘了一下他脑海中的情景，意思就是诉说者说了很多，可能毫无边际，但是倾听者都一直听着，还记在了脑子里，如图9-8所示。

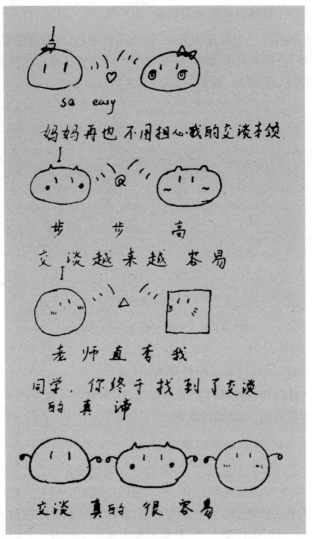

图 9-5　我觉得我是容易交谈的人（钱理洋）

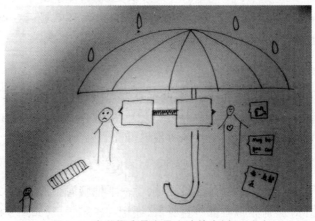

图 9-6　我觉得我是容易交谈的人（赵心北）

图 9-7　我很愿意听他人诉说

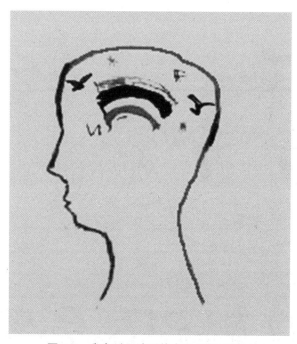

图 9-8　我会耐心地听他人诉说(冯训菊)

7. 周倾中的项目为:听对方说话我不觉得累

绘画解释:我感觉画得好丑。我想画一个比较放松的神态,想到的就是在沙滩上晒太阳、喝饮料,还有只螃蟹,虽然和主题没什么关系,如图 9-9 所示。

8. 吴听梅的项目为:我会耐心地听他人诉说

绘画解释:左边像大耳朵图图,右边是一个人的侧脸,右边这个人在说话,左边的人伸长耳朵去听。用英文单词表示耐心,如图 9-10 所示。

图 9-9　听对方说话我不觉得累(周倾中)

图 9-10　我会耐心地听他人诉说(吴听梅)

9. 孙委南的项目为：我会表现出倾听的热情

　　绘画解释：我画了一个嘴巴和一个耳朵，嘴里说了很多话，听的人都听进去了。"热"字我把四点底画成了火苗，"情"字左边画了个心，表示我会用火一样的热情去用心听，如图 9-11 所示。

图 9-11　我会表现出倾听的热情（孙委南）

10. 王力竹的项目为：我会表现出倾听的热情

绘画解释：我画的是一群小人儿围在火旁边，小人儿代表每个人颜色不同，代表性格各异，我就结合大家的自我介绍，加了一点小心思，不知道你们能不能认出来。火就代表热情似火，中间的火心是个小爱心。我加的一句话是苏打绿演唱的《小情歌》的歌词（她记忆有所偏差，原词应为"就算大雨让这座城市颠倒，我会给你怀抱"），就是无论发生什么事情我们的怀抱永远张开围在一起，如图 9-12 所示。

图 9-12　我会表现出倾听的热情（王力竹）

（三）主题活动 2：共同分享

（1）王力竹：之前看大家发自己不太熟悉的人名，只有两个人写了我的名字，我还挺惊讶的。我在开始猜想的时候，我觉得肯定会是最多的那个，平时感觉自己就是比较小透明的

那种。我其实是很想交朋友的，但是别人会觉得我很高冷，其实我并没有，总感觉隔着点什么。但我想表现的是我很热情，我很愿意和大家交朋友，所以谢谢你们。

（2）郑能兰：我觉得今天的活动让我了解到了大家更加细微或者是不同的另一面，有些同学好高，我好想有他们的身高。后面有些同学的画，想法很可爱，平时看不出来，但他们是内心非常可爱、注意小细节、仔细的人。

（3）陈练棠：我觉得通过今天的活动让我对大家有了更多的了解，隔着网线，对大家的外貌不是很了解，今天了解了很多，通过作画再一次了解到大家都是很有想法、很友好的人，就觉得更迫不及待地想见到大家。上节课的活动，一个人说另一个人打断，我和王力竹合作的，我觉得她是一个特别温柔的小姐姐。

（4）钱理洋：我因为今天抽到那句话，"我是容易交谈的人"，就想到如果你想变得容易交谈，首先要敢于迈出那一步，敢于去说，而不是等着别人来和自己交谈。

（5）冯训菊：我刚刚看了大家的画，我觉得大家都非常有创造力，把不同的元素结合到一个画里面，还符合主题，感觉大家都是非常有趣的人。刚刚第一个环节的时候我写了四五个名字，我感觉和很多人都没有什么接触，希望能到学校后认识下大家。

（6）李员开：我分享一下刚开始介绍的时候我的感受，我没想到我一下子有五个人不太熟，介绍的时候我印象比较深的有周倾中学长，因为他说话的口音，我记得他第一次介绍自己的时候就说"大家好，我是周倾中"，这个自我介绍能听出明显的地方口音。第二个是吴听梅，因为她喜欢听毛不易的歌，我也喜欢，但是我比较喜欢的是《如果有一天我变得很有钱》，我比较喜欢这样喜庆的歌，听完浑身都是能量。然后还有赵心北，每次发言都自信满满，给人一种自信的感觉。对，还有陈练棠，因为我有个同学叫赵练棠，我第一次看见陈练棠这个名字的时候就印象特别深刻，而且之前我们还差点成为一个志愿服务社团的，我舍友是这个社团的，我后来退了，所以我印象比较深刻。

（7）赵心北：我的感受是在日常生活中，我们和人交流很多时候都局限于对一个人的第一印象，因为有时候第一印象不是那么好或者感觉难沟通，比较高冷，我们就不再尝试去交流了，所以说有时候打破这个桎梏，放弃一开始的偏见，尝试一个新的交流是很好的体验。

（8）周倾中：我通过今天的活动更了解大家了，我不说身高，我知道大家都很高，然后我也挺喜欢听五月天的歌，在之前都没有机会说出这些。不管什么时候开学，挺期待开学和大家再见面的。我特意听了下我写的不熟悉的人，我觉得没问题，可以记住的。

（9）吴听梅：我刚开始写的是陈练棠和钱理洋，我对他们俩其实都有印象，只不过没有交流，没有搭档。今天这次我感觉，当你和刚认识的人交谈，说一些比较能引起大家共鸣的话题，比如说喜欢听谁的歌，或许更能引起大家的注意，并加深印象。

（10）孙委南：通过今天这个活动我对大家都比较了解了，我写的不太熟悉的人是李员开和周倾中，其实我对他们的名字和人有印象，就是没有和他们互动过，今天对他俩印象也比较深，一个是身高187厘米，一个是口音的特点。第二个活动也让我对大家了解得更多了，比如钱理洋和他画的画，我觉得这是我印象比较深的。

第十章

训练活动八：
告别活动

一、活动介绍

✎ 活动方式

通过网络会议方式进行。

◎ 活动目标

学会赞美他人并消除上次活动可能带来的消极影响;组员互相反馈、赠言;收获与展望;处理离别情绪。

▤ 活动内容

1. 后测

实验组和对照组同时施测,采用线上问卷星的方式。

2. 暖心活动:三问而后赞

具体实施方式为:给你还不熟悉的任何一人至少提三个对方可以回答的问题,如果对方不能回答,就一直提下去,直到满三个问题。问完问题后用固定格式语句赞美对方:"我开始觉得你是……,现在觉得你是……"(从陌生人演变到比较熟悉的人——说一句格式化的赞美的话)。(30分钟)

3. 告别活动:彼此赠言

训练活动结束,团队成员相互赠言,每个人一张纸传递,给其他11人写赠言(含教师,围绕倾听的七次活动)。网络版用问卷星提前做好12个赠言表,用各自的姓名为问卷标题,本人不用填写自己姓名的问卷,填完后,由助教单独发给老师和每一位组员。(20分钟)

4. 分享感受:每人一段话

每人用一段话总结整个活动的感受——暖身与赠言。结束此次团体训练活动,全体团队成员合影留念。(10分钟)

二、活动实录

(一)暖心活动:三问而后赞

1. 王力竹写出不太熟悉的人:冯训菊

(1)王力竹提问冯训菊。

王力竹:你平时和朋友相处交流也是特别外向吗?

冯训菊:和很熟悉的人交流就很外向。

王力竹:对,因为你说你是慢热的人,和我挺像的,可能表面上看着挺外向,而且内心挺热情的那种。那你平时和朋友喜欢聊什么？

冯训菊：什么都可以聊，学习、喜欢的明星、最近看的综艺节目。

王力竹：你平时喜欢看什么综艺节目？

冯训菊：之前看的《向往的生活》。

王力竹：我们挺像的，我也喜欢看这个节目，挺"下饭"的。对美好生活的、农家乐的憧憬。可以看出你是一个热爱生活的女生。

（2）王力竹赞美冯训菊。

我认为她和我很相似，可能外表看着比较内向，但内心是一个非常热情、热爱生活的女生。她说她和朋友也很聊得来，非常外向，对人很真诚。我其实通过前几次的活动就在关注她了，我觉得冯训菊同学画的那个画脑洞非常开，是一个很细心、很有想法的女生。

2. 钱理洋写出不太熟悉的人：赵心北、吴听梅

（1）钱理洋提问赵心北。

钱理洋：你喜欢看侦探片或侦探小说吗？

赵心北：还行吧，没有很喜欢看，但也会看。前段时间还看了侦探方面的综艺。

钱理洋：请问你喜欢关注时事政治吗？

赵心北：这个不是很关注，但是非常出名的，大家都知道的，我也了解一些。

钱理洋：平时没事你是喜欢去外面运动呢，还是喜欢在家里运动之类的？

赵心北：偏向于在外运动，很累的时候我就出去走走或者跑跑步什么的。

钱理洋：好，谢谢。

（2）钱理洋赞美赵心北。

因为我有个同学和你长得很像，但是我现在觉得你是个沉稳、睿智的人。对事物有自己的看法，不会去跟风或者热点走，有自己发现问题的方式。我不知道说的对不对，感觉是这样的，非常睿智那种，有点像刑侦片里的警探。

（3）钱理洋提问吴听梅。

钱理洋：学姐好，我一直也没有和你说过话，我想问你喜欢学习吗？

吴听梅：还行吧，一般。

钱理洋：平时喜欢看综艺还是其他方面的？

吴听梅：综艺和电视剧都会看，我一般看电视剧只看有我喜欢的明星的，综艺喜欢看《向往的生活》《令人心动的 offer》这两个。

钱理洋：那我能问一个问题吗？可能这个问题不太方便回答，请问你眼镜多少度？

吴听梅：400 多度。

钱理洋：还行，我都 700 多度了。那我再问一个问题，学姐你遇到一个问题最先想到的是处理它呢还是有些慌乱的感觉？

吴听梅：我应该是先处理它。

钱理洋：行，明白。

（4）钱理洋赞美吴听梅。

我觉得学姐和赵心北同学有个共同的特点就是不会因物而动，是比较能站得住的人，不会一股风刮过来就歪了的那种。还有沉稳，但这个词形容女生有点不太好，就是比较成熟，

比较明事理,所以也不轻易感到愤怒或者表露不满情绪。

3. 孙委南写出不太熟悉的人:李员开

(1)孙委南提问李员开。

孙委南:第一个问题是,比如你在小组活动中,你偏向于划水(方言:泛指工作和学习期间的偷懒行为)还是做比较多的任务?

李员开:一个小组活动我倾向于做二把手。

孙委南:就是不太多也不划水是吗?

李员开:假如组长承担30%的任务,那我愿意承担25%的任务,就是和他一起承担这个意思。

孙委南:第二个问题是,你平时打发时间是喜欢出去玩还是喜欢和朋友一起玩?

李员开:都可以,要是有人愿意和我一起玩,我就和他一起玩,但是一般我身边的都比较宅,他们不想和我出去玩,所以很多时间都是我自己在外面玩。

孙委南:行,那下一个问题是,你觉得你孝顺父母吗?

李员开:我觉得我对我爸妈挺好的,我刚回来的时候天天做饭,帮他们刷碗刷锅什么的,帮他们拖地带孩子什么都干。

孙委南:带孩子?

李员开:我哥的。

孙委南:哦哦,行。

(2)孙委南赞美李员开。

就是我一开始看到你,觉得你比较耍大牌吧,就是第一印象,上课还带个帽子属于不尊重人的行为,后来知道你是因为剃了光头,是尊重人的行为。现在觉得你是一个性格比较乐观、能担当和孝顺父母的人。(李员开:谢谢,我现在真的很后悔剃了光头。)

4. 吴听梅写出不太熟悉的人:赵心北

(1)吴听梅提问赵心北。

吴听梅:赵心北你好,我想问的第一个问题是,如果你看课外书的话是偏向于文史类的还是科普类的和理工相关的?

赵心北:毕竟是理工男,对文史方面已经很久没有接触过,所以还是偏理工一点,喜欢科普类吧。

吴听梅:第二个问题,可以说一件和舍友或者朋友发生的有趣的事情吗?

赵心北:有一天我和同学也是舍友,我俩都比较瘦弱,然后我们宿舍有一个非常健壮的,非常块大,我俩就像弱鸡一样去换水,我俩一起抱着水,一下就把饮水机捅坏了。之后那个健壮的同学回来了就佯装生气,说"你们两个弱鸡,像这种体力活你们就不要干了"。他觉得我俩在给大家找事,虽然这样说但是心里还是很温暖的。

吴听梅:第三个问题是,如果小组活动,你会当"抱大腿"的人,还是当一个"大腿"。

赵心北:这个问题其实很难回答,如果自己是"大腿",当然当一个"大腿"比较好,因为一方面在锻炼自己的能力,另一方面也在学习更好地交朋友。如果在这个方面不精通,最好还是跟着"大腿",不要硬撑。

吴听梅：好，谢谢。

（2）吴听梅赞美赵心北。

最开始的时候，我以为赵心北会是一个学习非常好，但又很高冷的那种，像"大腿"一样，经过这些课程下来，我觉得他应该在生活中也很有趣，一个有趣的理工男这样的形象吧，感觉也是逻辑比较清楚，人比较靠谱。

5. 郑能兰写出不太熟悉的人：冯训菊

（1）郑能兰提问冯训菊。

郑能兰：你好，你上次说你妈妈不让你养狗，我想问如果你家人同意，你想养什么狗？

冯训菊：就像 never（网红李佳琦的狗）那样的，就小型、活泼可爱黏人的那种。

郑能兰：那我们俩挺像，我们家也养了这样的狗。我还想问你喜欢听什么样的音乐，是抒情的、节奏活泼的还是其他的？

冯训菊：我听歌是看歌手，演绎得好什么都可以听。如果是李健唱，唱什么都可以。

郑能兰：我还想问，你空闲的时候，是追剧还是打游戏？

冯训菊：看电影吧。

郑能兰：我比较好奇的是，你个子很高，对你是好的事情还是困扰？

冯训菊：感觉是比较自然的，从小个子都比较高一些。

（2）郑能兰赞美冯训菊。

我本来一开始觉得你是那种比较高冷的、不太好聊得来的人，后来经过了解我觉得你内心是热爱生活、比较活泼的，就像你比较喜欢黏人、活泼的小狗狗一样。还有对事情比较淡然，可能有的女生对自己个子非常高不太喜欢。平常也有非常高雅的艺术情操，还是比较好的一种女生。对不起，我可能形容得不太准确。

6. 周倾中写出不太熟悉的人：王力竹、冯训菊

（1）周倾中提问王力竹。

周倾中：你觉得自己是一个感性的人还是偏理性的？

王力竹：这个问题我觉得分什么事，既感性又理性。遇事一开始我会很感性，感性完了我会很理性，平静下来稍微思考一下这个事。

周倾中：你平时笑得多吗，身边人会经常说你爱笑？

王力竹：还挺多的，我笑点挺低的。

（2）周倾中赞美王力竹。

我觉得两个问题就够了，之前我觉得王力竹同学视频的时候基本不会露完整的脸，是比较内向的女生，但是好多人都认识她一直叫她学姐，和周围的人关系都不错。经过这些，比如上次王力竹画的画，我觉得她心思比较细腻，她说话都带着笑，应该是比较热爱生活的女生。

（补充提问一个。）

周倾中：你是精仪学院的，那你今后想从事什么工作，是和精仪相关的吗？

王力竹：我不是精仪的，我是法学专业的。

周倾中：哦，说错了，那你希望从事什么样的工作呢？

王力竹：其实我现在目标不是很明确，但大概率是和法学相关的。律师的话不是很考虑，但会考虑检察院的工作。

周倾中：选择法学这个专业，经过三年，没有对这个专业产生厌恶，并且想继续从事这个专业。应该是思维比较缜密，逻辑性比较强。

（3）周倾中提问冯训菊。

周倾中：之前提问冯训菊挺多的，我都听到了，我想问，你认为你是一个偏理性还是感性的人？

冯训菊：我觉得我是一个偏感性的人。

周倾中：当你受到挫折的时候，你是更倾向于从自己还是从身边的朋友中获得安慰？

冯训菊：压力很大的时候我是不太会调节自己的人，我觉得这时候就需要周围的人安慰我一下。

周倾中：之前我们每个人都写过一个案例分析，你写的是朋友没考好，你去安慰是吗？

冯训菊：是的。

周倾中：你现在还和这个同学有联系吗？

冯训菊：有啊，但是隔得比较远，我是浙江的跑到天津读书去了，他就在浙江读书，平时不经常在一起，放假才能聚到一起。

（4）周倾中赞美冯训菊。

之前根据我的观察，冯训菊是不太爱笑的，比如合照或其他情况，因为经常我听大家聊天就会被逗乐，冯训菊同学就不太经常笑，所以我认为她是一个非常冷静的人。虽然她说自己是感性的人，但是基于她回答问题很清楚，然后对自己判断也很明确，所以我觉得她是一个很理性的、很自信的女生。她写的案例是她主动关心一个同学，并带她去操场，所以我觉得她是一个很善于分析同学和自己的、知道自己的人，就像她说的善于调节自己，知道自己的一些优势、弱势，也会主动关心他人，会选择一个合适的方法去分解他人的压力。现在也没有多大改变看法，觉得她还是一个很冷静、条理很清楚、理性的女生。

7. 赵心北写出不太熟悉的人：李员开

（1）赵心北提问李员开。

赵心北：记得上一次你把我记成了 17 级的同学，所以说我们今天再加深一下相互的了解。第一个问题，你对宿舍的同学有没有印象比较深的，他是一个什么性格的人呢？

李员开：有，我们寝室一个特别特别"大佬"的人，因为我们今年大二嘛，然后他大一下学期跟我们班主任做项目，2019 年 12 月跟我们班主任去日本参加一个国际比赛拿了个前十。现在一直在跟我们班主任做项目，我们班主任已经把他当成研究生了。他也是我的榜样，而且他特别乐于帮助我们，特别好的一个人。

赵心北：那能稍微详细地介绍一下你从他的身上学到了什么吗？一点点就可以。

李员开：对喜欢的东西特别能坚持下去，因为他特别喜欢编程，从高中就开始学，一直到现在，一直没有断过。我们班主任也是因为他编程这方面比较有能力，比较看重他。

赵心北：好，近期有没有听过什么歌啊，什么类型的？

李员开：《达拉崩吧》。

赵心北：我很喜欢这首歌，是周深唱的吗？

李员开：对。

赵心北：家里有没有宠物之类的东西？

李员开：鹅算吗？

赵心北：可以可以，算。我觉得我对这位同学印象更加深刻了。

（2）赵心北赞美李员开。

最开始的时候我觉得这位同学非常勇敢，想到什么就做什么，因为他忽然就剃了一个光头，即便是在这样的疫情的情况下，我觉得敢于对自己做一个巨大的改变，都是一个很勇敢的事情，值得我们学习。现在呢，我还觉得他是一个很幽默的人，就是即便是像上次出现了如此尴尬的情况，还是感觉不是那么尴尬，非常有幽默感。他说他从宿舍朋友那儿学到了很多东西，我觉得他是善于从其他同学身上学到东西的人，他能看到别人身上的优点，能够从别人身上汲取营养。之后还有这首歌，我觉得他是一个积极向上的人，喜欢这样的歌曲，让自己更加开心。总而言之，我觉得他具有非常积极的形象。

（李员开：我先回应一下我剃光头的事，我现在非常后悔，大家做这个决定一定要考虑一下啊，我现在非常后悔。）

8. 李员开写出不太熟悉的人：郑能兰、冯训菊、孙委南

（1）李员开提问郑能兰。

李员开：老师给你两个任务，一个是去调研文物方面的历史，还有就是某个公司科技上出现了某个科技创新，你选择哪一个，还是都不选？

郑能兰：我是精仪学院的，我对科技比较关心，但是文物也不会特别拒绝，如果时间不冲突，我觉得还是都选比较有意思。

李员开：你喜欢看综艺节目吗？

郑能兰：我会看一些，有时候刷小视频会刷到《王牌对王牌》，但是我不会特别去追某个综艺节目的每一集，但会追剧。

李员开：那你追剧是看剧情还是看主演这种？

郑能兰：一般是看剧情，我也不太追影视明星，只有一两个比较关注，其他都是以剧情为主。

李员开：你平时没事的时候都喜欢干点啥？

郑能兰：我喜欢听歌多一点，古典乐或者英文流行，还有偶尔会有中文的。

李员开：最后一个问题，你在学校的路上有人来问路，你的第一反应是紧张还是脑海里在想怎么回答？

郑能兰：我会打量一下那个人长得怎么样，如果是非常不正经的人我会紧张，比较正常的我会尽量告诉他，我不知道的话我会建议他去看地图。

（2）李员开赞美郑能兰。

我感觉郑能兰是一个比较安静，然后喜欢做一些自己喜欢的或者感兴趣的事，有自己的兴趣爱好的人。可能有一点点的内向，我感觉刚开始她可能不太爱说话，但如果遇到自己喜欢的事并有机会去做，她会选择勇敢地去做。

（3）李员开提问冯训菊。

李员开：你平时喜欢看什么类型的书，侦探类、文学类的还是哲学类的，或者是理工类的？

冯训菊：我比较喜欢那种传记或者访谈类的。

李员开：假如你在学校"23 教"上完了最后一节课，你是选择去近点的"学一"食堂还是有你喜欢的东西但比较远的"学三"和"学四"食堂？

冯训菊：看下午有没有课，没有课的话，就算远一点也会去自己喜欢的食堂。

李员开：你有喜欢的偶像吗？

冯训菊：李健。

李员开：你喜欢李健哪些方面？

冯训菊：第一个就是他作为一个歌手词、曲、唱的能力，他的 vocal（指歌唱天赋及歌唱技巧）非常强，另外他和别的一些公众人物不太一样的就是很淡然，有可能因为是东北人，还很会讲段子。

李员开：如果让你选择一个综艺节目，你是会选择喜剧类的还是竞技类的？

冯训菊：我会选择生活类的，不要竞技类的，不然你看着也很累，不是很舒服。

（4）李员开赞美冯训菊。

我感觉她是一个不会沉溺于表象的人，喜欢一些实实在在的东西，如果自己有喜欢的事又有条件就会去追求，尽量完成这件事。

（5）李员开提问孙委南。

李员开：现在你面对我会不会紧张？

孙委南：不会很紧张。

李员开：你是药学院的吗？

孙委南：我是精仪学院的。

李员开：你怎么看待我们学校的男女生比例？

孙委南：我觉得咱们学校的男女生比例应该还好，但是分学院的话就比较极端吧，就比如我们学院，男女生比例大概 4∶1 或 5∶1，比如法学院女生比例就比较高一点，所以我觉得整个学校还行，部分学院不太好。

李员开：有没有一些现在想起来感觉自己干得比较蠢的一件事？ 如果不想回答可以不回答。

孙委南：有一个比较尴尬的事就是我高中的时候参加过一个文艺表演，当时我上台的时候我的吉他没有声了，然后就只能跑调式清唱，我觉得是比较蠢、比较尴尬的事。

李员开：还好，你平常喜欢自己独处还是和其他人一起干一些事，如果是和别人一起，你喜欢和别人做什么？

孙委南：我觉得大多数比较喜欢独处，可以自己玩一玩，然后，周末也喜欢和朋友出去打打球、跑跑步什么的。

（6）李员开赞美孙委南。

我感觉孙委南同学是一个既喜欢独处，在其他时间也喜欢团建的人，也算是有自己的兴趣爱好，比如喜欢运动，像我是不会去打篮球什么的，所以孙委南还是比较喜欢运动的一个男孩。我对他一开始的印象是比较安静，话也不是特别多，但是感觉他比较有自己的想法，有主见。

9. 陈练棠写出不太熟悉的人：吴听梅、孙委南、赵心北

（1）陈练棠提问赵心北。

陈练棠：我先问赵心北，因为他刚才提到了周深，我特别喜欢周深，第一次见到身边有男生喜欢他，想问下你对他怎么看？

赵心北：周深这个歌手我也非常喜欢，虽然他好像听起来是女生的声音，但是他的美声又很厉害，就是感觉他各种曲风都掌握得很不错，虽然他的歌我唱不上去，但是听起来很空灵，给人一种放松的感觉。

陈练棠：好的，我好开心身边有男生喜欢他。第二个问题是，你感觉你们家乡有什么好玩的和好吃的？

赵心北：我感觉我们家乡，因为是一个县城，这个县里没有什么。张家口市最近有冬奥会，大家可以冬天来张家口滑雪，有些雪上的运动还是很不错的，大家可以去尝试一下。

陈练棠：你觉得我们学校或者整个天津有意思的地方是哪些？

赵心北：那我说天津大学。上次有个北京的同学来找我，我就带他去滨江道那边看了一下，因为我也不是很熟悉，用高德搜了一下；还去了天津之眼，之后又去了意大利风情街，感觉那边也一般吧。可能是因为我对天津没有什么了解，如果学姐有什么推荐的地方可以给我推荐一下，我非常需要人推荐一下天津还有什么好玩的地方。

陈练棠：我大一的时候也提过相同的问题，我的学长告诉我天津到其他城市很方便，可以到别的城市玩，天津好像真的没什么可以玩的地方。

（2）陈练棠赞美赵心北。

刚看到赵心北的时候，因为你是工科班的，每次坐得特别端正，所以给人一种学霸的感觉。刚开始不太熟的时候，感觉你说话特别有条理、有逻辑性，整个人透露出自信。后来慢慢觉得你也是个有"梗"的男生，说话比较有意思。我印象比较深的是，有次你提到你们老师让你下载抖音是吧？（赵心北：嗯。）我觉得就很震惊，居然有大学生不玩抖音，当时就觉得你很爱学习，你肯定每天沉浸于学习，但是后来又觉得你是那种既能兼顾学习又能每天给大家带来正能量的同学。（赵心北：感谢！感谢！感谢！）

（3）陈练棠提问孙委南。

陈练棠：你是大二的吗？

孙委南：我大三。

陈练棠：哦，大三学长好。第一个问题我想问下你平时每天关注的公众人物是谁啊？

孙委南：我觉得现在最多的就是特朗普吧，因为他现在出现在公众视野的频率比较高，就不得不关注他，因为在哪里都能看到他。

陈练棠：那你对他是什么样的看法啊？

孙委南：我也不太懂，我觉得对于中国来说他是一个"好总统"，但对于美国民众来说，有些遭殃吧。

陈练棠：我对他关注也比较多，前两天看他的各种搞笑视频，突然有个人跳出来说，四年前希拉里觉得他是一个憨憨，最后被他"暴打"了，所以我们还是不要觉得他是一个憨憨，这个观点挺有意思的。还有一个问题，你喜欢猫还是喜欢狗啊？

孙委南：我可能比较喜欢猫吧，但是我又害怕这些小动物之类的，所以可能"云喜欢"，

只能看一下视频,不能接触。

陈练棠:和上个同学一样的问题,你家乡有什么好玩的或好吃的吗?

孙委南:我是东北的,我觉得是烧烤吧,因为东北烧烤确实很好吃,和天津一比就更好吃了,东北人喜欢吃烧烤、喝啤酒,夏天晚上有一条街都是那些小餐馆,挺有生活气息。

陈练棠:我是内蒙古的,我也觉得天津烧烤一般。

(4)陈练棠赞美孙委南。

第一眼看到孙委南的时候就觉得怎么没有表情啊,给人一种特别高冷,很难接近的感觉,慢慢地相处,发现他也是特别会说话、会总结的人,这也是理工科男生的优点吧。通过今天的提问发现他是一个喜欢生活的人,会撸串、喝啤酒,就觉得大家都是特别多姿多彩的人,很幸运能和大家认识。

(5)陈练棠提问吴听梅。

陈练棠:你是大三的吗?

吴听梅:对,我是17级。

陈练棠:好的,学姐好,第一个问题是你对竞赛有什么看法?

吴听梅:我觉得能参加竞赛是很好的,但是参加竞赛需要有很大的兴趣。

陈练棠:那你觉得参加竞赛需要怎么平衡学习和竞赛呢?

吴听梅:首先我参加的竞赛不多,然后也没有很好的结果。

陈练棠:好的,那我们进入第二个问题。你平时用哪些娱乐软件比较多?

吴听梅:百度。

陈练棠:百度是娱乐软件吗?

吴听梅:因为我没有这些软件,都是百度里翻,平时微信比较多,关注了很多宝藏公众号,别的娱乐软件就没有什么。

陈练棠:那我再问下,你觉得你们家乡有什么好玩的或者好吃的吗?

吴听梅:我的家乡在山西,有什么好吃的就是面食吧,好玩的我还真没有去玩过。

陈练棠:我感觉我这三个问题比较失败,没有加深理解,我再想想,你对天津有什么看法,会不会觉得节奏太慢了,或者有些什么缺点、优点?

吴听梅:我觉得我挺喜欢天津这个城市的,缺点吧,就是空气不是很好,除此之外我觉得天津的街道、商场以及一些有特色的建筑很好,天津的教育也很好,高中不错。

陈练棠:好的,谢谢。

(6)陈练棠赞美吴听梅。

其实我刚看见这三个同学的第一感觉都是比较高冷,但是其实不是,感觉特别有意思,所以想交流一下。吴听梅第一眼看到感觉好好看,是那种冰山美人的感觉,后来慢慢了解发现她是一个热爱生活的人,包括刚才的交流,能只看公众号,只用微信、百度这样比较硬核的软件,不太用其他的,我觉得这个对我们大学生来说就是时间管理能力比较强。刚才她对天津,大家都在吐槽的城市有这么好的印象,我发现她很爱生活,能够发现生活这么美。

10. 冯训菊写出不太熟悉的人:周倾中、王力竹

(1)冯训菊提问周倾中。

冯训菊:假如你有一门作业,周一布置,周五才上交,你会想到在平时完成,还是周五前完成?

周倾中：99% 我都是拖延到最后一天，比如这学期作业我都是留到最后一天找室友要作业，当然不建议大家学我。

冯训菊：第二个问题，你是能沉下心专注于一件事情的人吗？

周倾中：我很少能沉下心来专注什么东西，挺困难的吧，之前学过书法，后来考完级就像通关一样，现在再写也沉不下心了，偶尔写个春联什么的。

冯训菊：你平时的娱乐活动是什么？

周倾中：打羽毛球、出去吃烧烤，因为我也是东北人，然后打游戏，娱乐活动还是挺多的。虽然天津没什么地方可以玩，但是随便找个地方出去转转还是挺好的，还有动物园，我和室友都去过。娱乐活动倾向于很多人一起的那种。

（2）冯训菊赞美周倾中。

我原来也以为你是比较内敛、沉默的人，现在我觉得你和室友一起去动物园，我感觉你是非常有趣、非常有童真的人，一般小孩子喜欢整天往动物园里跑，我觉得还挺幽默的。之前你说我总是不苟言笑的样子，我觉得之前我看你总出现在屏幕中央，好像一个静止的人形立牌，今天发现你是个很有趣的人。（周倾中：我基本都一直在笑，我觉得大家都挺有意思的。好的，谢谢。）

（3）冯训菊提问王力竹。

冯训菊：之前我听你说你最喜欢五月天是吗？

王力竹：对。

冯训菊：你喜欢他们是以一种什么样的形式表现？你是会去看他们的演唱会、买专辑或者其他？

王力竹：我已经看过他们两场演唱会了，每次看我都特别激动，每次看我都是站着的，不会坐下，全程很嗨，为他们呐喊。

冯训菊：你空闲的时候会干什么？

王力竹：我其实闲的时候挺闲的。最近在家里偶尔学着画一些手板画，在 iPad 上画画。

冯训菊：看到一些可爱的动物你会很喜欢还是……

王力竹：我超级喜欢小狗，从小我也养过几只，但是陪我的时间都不长，因为家里条件不允许吧，都送人了。我现在特别喜欢柯基，我在网上有个减压的方法，就是看柯基的屁股，我觉得特别 Q，还喜欢看熊猫的视频，会很治愈，压力大时就想看。

（4）冯训菊赞美王力竹。

我确实发现我们俩很像，看到别人就会因为一时的喜欢想要学习一种新的技能，可以找一些素材自己琢磨去学，比较喜欢接受新鲜的事物，对萌的东西没有抵抗力，感觉非常热爱生活，爱护一些小的生命。内心喜欢一件事就会去追求。

（此阶段持续了 1 小时 12 分钟。）

（二）告别活动：彼此赠言

（注：网上赠言的局限性——只能用文字形式表达，不能用其他的形式）

1. 给赵心北的赠言

（1）孙委南：工科班的小学弟，祝你学业顺利，平安健康！

（2）钱理洋：赵心北同学，我真的不相信你是个理工科的学生，我第一眼觉得你和福尔摩斯有些神似。

（3）冯训菊：可踏实成稳，又可幽默活泼，希望学业上是更优秀的你，性格上是不变的你！

（4）郑能兰：我觉得你每次都说得挺好的，心思也很细腻，每次上课都很正式，做事态度很认真。继续加油呀！

（5）李员开：一直感觉你是一个自信沉稳的男孩，虽然因为过于沉稳把你当成了学长，哈哈，希望学弟规划好自己的大学生活，拥有一个充实的大学生活。

（6）陈练棠：赵心北同学你真的好厉害哇！喜欢唱歌，皮肤白、身材好，还是来自河北的工科班大佬。棒！听你说话很享受，简短清晰又有梗。认识你很高兴哦！

（7）周倾中：祝一本正经、永远端坐的拥有学霸气质的赵心北同学继续学霸下去！

（8）王力竹：一年好景君须记，最是橙黄橘绿时。

（9）吴听梅：希望你永远做个爱唱歌、有出众口才的快乐男孩；希望你继续成长，离你的梦想越来越近；祝你永远幸福，未来可期。

（10）刘美：静若处子，动若脱兔，很好的中性性格，一直表现得都很积极，我记得很多次都是你第一个说话打破僵局，很有团队精神、责任心，思维逻辑很清晰，有主见，相信你会过一个很丰富精彩的大学生活，看好你哦！

（11）詹启生：希望倾听助你走向成功！

2. 给孙委南的赠言

（1）钱理洋：我最开始不知道你是东北的，我就总觉得你怎么这么像东北的呢，结果真的是啊！

（2）冯训菊：非典型性东北人（了解不够，想象来凑），千言万语不如一句"加油"！

（3）王力竹：既有前程可奔赴，亦有岁月可回首。

（4）李员开：对你的第一印象是比较高冷，有些不苟言笑，但在后来的活动中发现你也是一个慢热的同学。我真的挺后悔剪了个光头的，当时戴帽子就特别怕你们误会，所以有了痛的领悟：以后做决定一定一定要仔细考虑，我现在就是很后悔、很后悔，就害怕突然开学。

（5）郑能兰：我觉得你是个很憨厚实诚的同学。特别欣赏你在听到其他同学发言的时候会微微点头，表示认同，而且这也给发言的同学很大的鼓励。祝愿你学习进步呀！

（6）赵心北：学长好呀，一开始看见你的时候感觉你不苟言笑。今天，你说你是东北人，喜欢喝酒还弹吉他，我就感觉你很好相处。和你熟悉的哥们儿一定是谈天说地。在短短的几周里，没有太多的接触，但是希望你在之后的生活中仍然勇往直前。

（7）吴听梅：愿你未来多尝美食、多看美景、多交朋友，愿你热烈生活、事业成功、得偿所愿。祝你永远快乐！

（8）陈练棠：认识你很高兴，最后才知道原来你是东北的呀，完全没听出口音，大晚上的说喝酒撸串可馋死我了，回去一定见面认识一下哦！

（9）周倾中：思想很有深度，也同样端坐在屏幕前的男生，记得你之前提到过大创，那近期就祝你的大创评上国家级吧！

（10）刘美：很感谢你能参与这次活动，你很勇敢真诚，会把自己那么担心烦恼的事情分享出来，你很不错哦！而且你会即将面临一些重大的选择，你要相信自己。

（11）詹启生：今天的倾听训练，明天的成功素质，愿你成为拥有一流素质的人才。

3. 给王力竹的赠言

（1）孙委南：心想事成，天天开心，一切顺利！

（2）钱理洋：漂亮的学姐，真的是外冷内热，还有前期一直没露笑脸。

（3）冯训菊：你真的太可爱了，居然最后一节课才发现这位宝藏女孩（哭）。不过不要紧啦，来日方长，期待见面后能成为好朋友！

（4）李员开：自从那次谈话，一直感觉学姐是个很温柔、很为他人着想的人，也感觉学姐的学业很重。就祝学姐早日实现自己的梦想吧！

（5）赵心北：学姐好，初次见面的时候，感觉你是一个内向的人，但是在不断地接触后，感觉你是个文艺青年，腹有诗书。愿你继续追求远方，不会动摇心中的光。

（6）郑能兰：我觉得你心思很细腻，热爱生活。也很开朗，每次发言的时候都面带笑容，笑得非常甜。对待生活和身边的人真诚而且善良。祝愿你天天开心呀！

（7）吴听梅：爱笑的女孩运气会很好哦！你是一个可爱、坚韧、爱生活的女孩，希望你永远都活泼乐观，希望你保持对世界的好奇，勇敢追求自己喜欢的事。

（8）陈练棠：认识你很高兴哟！我最好的小伙伴也是一个学法学的小姐姐，所以第一次见面就对你有好感。喜欢可爱的小狗狗，你一定是温柔善良、热爱生活的小姐姐啦。不过这几次都感觉你好忙好累呀，似乎有着很多方面的压力。要照顾好自己，我们'中国倾听师'随时互相敞开哦！

（9）周倾中：直到这两个月来的最后一节课，我们终于有了第一次互动！我也是五月天的粉丝，最喜欢他们的歌词，用他们的歌祝你"知足"常乐，"拥抱"一整片"温柔"的"星空"。

（10）刘美：哇，好文艺、好有气质的"小姐姐"，你其实已经很优秀了，不要给自己压力太大啦！

（11）詹启生：希望倾听让你更美丽、生活更幸福！

4. 给钱理洋的赠言

（1）孙委南：非常靠谱的"保密"同学，认识你很开心，希望以后还有机会交流，祝你学业顺利，平安健康！

（2）冯训菊：虽然没有很多接触，但也能看出你做事的认真，祝学业进步哦！

（3）李员开：我仔细看了你的笑，很迷人。虽然你的专业是保密，但你的发言好像没有严格贯彻你的专业，哈哈哈。有趣的灵魂，直爽的性格。

（4）赵心北：你好学长。第一眼我就感觉你是很积极的人，会在没有人说话的时候冲在前面。而且说话很有条理，能够正确地表达自己的想法。而且你长得还很像我的一个同学，咱们这么有缘，让我更加期待线下的见面。开学见！

（5）郑能兰：说实话感觉接触得也不是特别多。最初的印象就是觉得你很老实的。后来发现了你更多的闪光点，比如内心很萌很可爱，也很有趣。祝愿你天天开心呀！以后为国家保密事业做出贡献！

（6）王力竹：倾听每个人的意见，接纳每一个人的批评，但保留自己的判断。

（7）周倾中：幽默开朗又很温柔的男生，直到那次打断活动上才和你匹配到一起，但那一次活动就已经足够默契、足够熟悉，期待开学后的见面！

（8）吴听梅：祝你前程似锦，万事如意，希望你能成为保密界的大佬，希望你事业有成，梦想成真。希望你天天开心，觉得生活有趣，朋友可爱，日子顺心。

（9）陈练棠：东北哥们儿，认识你太开心啦！合作愉快呀！好期待开学见到你。

（10）刘美：其实你是一个很可爱的人，很有趣也很积极乐观，和你当朋友一定很不错。

（11）詹启生：希望倾听让你在成功的道路上如虎添翼！

5. 给陈练棠的赠言

（1）孙委南：很开心认识你，希望你未来生活中能够每天都很高兴，身体健康，一切顺利！

（2）钱理洋：祝春暖花开，暖气九月来，六月停。

（3）冯训菊：希望你天天高兴！

（4）王力竹：你的朋友们不知道有多幸运，想到你就会很高兴。

（5）李员开：感觉你很乐观，非常喜欢笑，你的发言也一直很有趣。祝你日后不管是看余额、查成绩还是什么，都很高兴。

（6）赵心北：你好。内蒙古的同学果然都是幽默的，和幽默的同学相处能让自己放松，你为这个群体贡献了很多梗。现实生活中，你一定是一个开心果一样的人吧。愿你继续乐观，笑面生活。

（7）郑能兰：经过这几次的交流，真的觉得学姐很开朗，性格直爽，很好相处。可霸气、可温柔。祝愿你天天开心哦！

（8）周倾中：第一次活动我就选了陈练棠同学做自我介绍，记得后来你自己说你是乒协的女运动员，那我们应该在"百团大战"邻居过很多次了，期待下次"百团大战"来羽协帐篷玩耍！

（9）吴听梅：希望你高兴开心，快乐幸福，希望你加权涨涨涨，生活中的小确幸越来越多，祝你前程似锦，未来可期。

（10）刘美：你啊，十分活泼开朗，在生活中你也一定是常常带给别人欢乐的吧，不过也要让自己高高兴兴哦。

（11）詹启生：希望倾听带给你幸福、优雅与美丽！

6. 给吴听梅的赠言

（1）孙委南：很高兴认识你，祝愿你未来生活中一切顺利，平安快乐！

（2）钱理洋：说实话我真的觉得学姐一眼看上去就像古代的人，特别沉稳、含蓄，还有些大气。

（3）冯训菊：喜欢毛毛，一定是个很可爱的女孩子。祝学习进步，天天开心（你笑起来真的很甜呢）！

（4）李员开：上次打断的那个活动真的感觉挺不好意思的，一直打断你。祝同学天天都有毛不易的歌听，大学过得不消愁。

（5）王力竹：世间最美的相遇，是遇见另一个自己。

（6）赵心北：你好，感觉你是一个温柔的人，很会照顾别人的情绪。这是我们最后的一次活动了，期待之后的见面。

（7）郑能兰：学姐好！第一眼看到你就觉得你人特别好。之后慢慢熟悉之后，发现你确实很温柔善良，而且很认真自律。上课的时候会做记录，手机里的软件也控制得很好，不浪费在庸俗的事物上。很有思想，回答问题句句到点，真的感觉都很有道理。祝愿你天天开心！学习进步！

（8）陈练棠：认识你很高兴！有点遗憾快结束才有机会和你连麦。我好喜欢你这种看起来文文静静，但是一笑就融化世界的小姐姐呀！

（9）周倾中：在摄像头里很冷静的女生，思维清晰有条理，声音却很温柔很有力量，祝学业有成，万事如意，期待开学后见面！

（10）刘美：从小组活动过程中，看得出你是一个很善于照顾别人的人，很温柔贴心，但是也不要忘了多照顾自己的感受哦。

（11）詹启生：希望倾听使你更美丽、家庭更和谐。

7. 给周倾中的赠言

（1）孙委南：很高兴认识你，希望日后还能多多交流，祝你学业顺利，平安健康！

（2）钱理洋：前三次觉得学长是很缄默的性格，结果后来发现是一个这么愉悦的人啊（笑）。

（3）冯训菊：莫名"反差萌"（这样说是不是不太好），祝学习好说得太多了，那就愿你是温暖明亮的光芒，去照亮身边的人吧！

（4）李员开：学长好！没啥好说的啊，有事常联系。

（5）赵心北：学长好，今天的发言让我更加深刻地认识了你。你很真实，对自己有明确的认识，而且散发着学霸的气息。这是我们最后一次活动，很高兴能和大家相约周五。愿你真实到底，不惧前路。

（6）王力竹：逆风的方向，更适合飞翔。

（7）郑能兰：刚开始觉得你不太好接触。后来发现你很随和，交流的时候很坦率。"披露"自己的种种不当行为，还告诫学弟学妹们。平常很细心，会留意到大家没有注意的小细节，话题非常有趣，眼光独到。虽然同为生活作息不健康之人，还是希望你能生活更加健康啊。

（8）陈练棠：好"宝藏"的一学长，又打羽毛球又会书法，说话又有大碴子味又精辟。开学一定见一下哦！

（9）吴听梅：希望你可以保持勇敢、乐观，希望你不断进步，不断超越自己，希望你的行动力越来越强，想做什么就去做，希望你内心充实。祝你开心快乐。

（10）刘美：我发现你是一个很严谨认真的人，很棒！记得你一开始说不太常与人电话视频，多与人沟通后你会发现自己是很有意思的人。

（11）詹启生：配备了倾听，事业更发达，家庭更幸福！

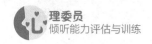
8. 给李员开的赠言

（1）钱理洋：兄弟，阳光睿智、大男孩就是你了！

（2）王力竹：你不经意的善举，也许正是他人走出黑暗的光。

（3）冯训菊：其实你刚开学时的发型也挺好（嘿嘿）。

（4）周倾中：在写这份寄语时心情是最轻松的，唯一一个开课前就认识的男生，这两个月以来也在关注着你头发的生长情况，如果早点认识一定会和有趣开朗外向的你成为一起开黑（游戏用语）的好哥们儿吧，不过我现在大三也不算晚，开学见！

（5）赵心北：你好学长，经过两次交流，这次咱们应该相熟了。这个"光头"人设也立住了。非常期待线下的见面。我想你是一个积极乐观的男孩，不愿放弃追求美好。愿你一路前行，无问西东。

（6）郑能兰：先说说我对"光头"的看法吧！我觉得勇于尝试挺好的呀！况且正好放假在家，朋友们也不太会知道。反而尝试过后就不会给人生留下遗憾了！我觉得你很有趣，活泼开朗。在说到优秀室友的时候，又发现你很积极向上，明事理。祝愿你学习进步！

（7）陈练棠：认识你很高兴！你听起来好像是居家暖男哎，又做饭又带娃的。优秀！开学一定认识一下！

（8）孙委南：很高兴认识你，认识到你是一个真诚乐观的人，交朋友一定非常靠谱，希望你接下来学业顺利，平安健康！

（9）吴听梅：不忘初心，方得始终。希望你保持进步，追求你热爱的东西，保护你想保护的人。世界广阔，祝你鹏程万里！

（10）刘美："被误解是表达者的宿命，不被误解是聆听者的本分。"敢于表达自己，不怕误解，很自由。我发现在你桀骜不驯的底下有颗热烈的心。

（11）詹启生：希望倾听带给你更美好的事业与未来！

9. 给郑能兰的赠言

（1）陈练棠：学妹我是记得你的，当时组织比赛看你可可爱爱、文文静静的，可惜后来再也没看见来一起玩。第一次视频没敢相认，没想到往后再没对过麦。等开学一起玩哦！俺稀罕你！

（2）孙委南：爱听音乐的文艺女青年，希望你能够在光机电算之中保留这份对音乐的喜爱，热爱生活，祝你学业顺利，平安健康！

（3）钱理洋：爱动物人士表示强烈好评！

（4）冯训菊：愿你的生活中充满温暖与美好！

（5）李员开：真的感觉你是一个很安静很安静的女孩，但是等慢慢熟悉了之后，你也愿意分享自己的故事。安静的女生也很受欢迎的。

（6）周倾中：特意翻开了之前的聊天记录，郑能兰同学和其他出自"吴侬"地区的女生一样，声音细软柔美，言语和煦大方。祝郑能兰同学生活愉快，万事如意！

（7）王力竹：生活的滋味，无论是阳春白雪，还是青菜豆腐，都要自己品尝呀！

（8）赵心北：咱们两个还是相对熟悉的了，毕竟合作半年了。上学期举行了几次聚会，感觉你是一个细腻的人。即使咱们两人都有不足的地方，但是我相信我们以后一定会很顺利地完成心理委员的工作。期待再见。

（9）吴听梅：希望快乐的你保持乐观开朗,希望你大学四年充实有意义,希望你做一个优秀的小公主!

（10）刘美：其实你很擅长沟通的,大胆一点、自信一点,迈出第一步,而且你是容易让人亲近的。最后,我想说内向的人也有内向的优点,我以前也是个非常内向的人,多与人沟通后发现自己其实没那么内向。你其实也渴望与人交流吧,加油,你其实很棒!

（11）詹启生：希望倾听使你更加美丽,拥有更加美好的人生。

10. 给冯训菊的赠言

（1）孙委南：很高兴能通过这个特殊的方式认识你,希望你未来学业顺利,过上自己"向往的生活"。

（2）钱理洋：独立自主,会思考,善于思考,对了,我觉得个子高是个优点。

（3）李员开：真的没想到你这么高,一直以为你是一个小巧的女生,真的惊到我了。利用好自己的优势——军训时一位长官说的,应该是指身高。

（4）周倾中：在最后一节课的活动我们才迎来了一对一的交谈,得知你喜欢李健,某种程度上我是李健的高中校友(哈尔滨市第三中学),可惜我们相同的音乐老师没培养出我的乐感,那祝你今后和你的偶像李健一样学霸!

（5）赵心北：你好呀,非常有缘同是19级精仪学院的新生。我很开心咱们可以以这样的形式进行线上活动。你喜欢李健,热爱慢节奏的综艺。我想你是一个热爱生活的人吧。愿你能在之后的人生中享受幸福。听听歌,养个宠物,晒着太阳,看些书。期待线下的见面。

（6）郑能兰：我觉得你的生活很丰富、充实,每天能够过得很有意义。有喜欢做的事,对新鲜事物有饱满的热情,非常积极向上。这些我都挺欣赏!希望你所说的"慢热"的你以后能更加外向,更加自信。因为你确实有很多闪光点的,可能别人不能立马发现。祝愿你天天开心! 学习进步!

（7）吴听梅：愿你保持对世界的热爱,对新事物的好奇,对小动物的爱心,对朋友的爱护和关怀。希望可爱的你在你爱的世界慢慢成长,逐渐强大坚韧,愿你的真诚得到善待,希望你天天开心快乐,梦想成真!

（8）王力竹：你大概就是世界上另一个我吧,哈哈! 你是一个很热爱生活、真诚待人的女生,期待我们之后有更多的交流哦。

（9）陈练棠：很高兴认识你! 我也好喜欢李健、毛不易呀! 你也喜欢乒乓球对吗,开学一起玩一起嗨,祝你天天高兴呀。

（10）刘美：你是一个很有自己想法的人,有自己的主见,很喜欢你的性格,坚持自己,你会越来越棒的。而且你说话都面带微笑的,让人很亲近。

（11）詹启生：希望倾听让你更美丽,人生更幸福!

11. 给刘美的赠言

（1）周倾中：既温柔又漂亮,性格开朗的学姐,简直符合我预想的心理学专业女生的所有特质,祝学业顺利,多发表文章!

（2）孙委南：很高兴能够通过这种特殊的方式认识学姐,通过两个月的相处,我发现学

姐是一个人美心善又非常靠谱的人,把助教的工作做得非常优秀,希望今后还能和学姐多多交流,祝愿学姐学业顺利,心想事成!

（3）冯训菊：助教小姐姐特别可爱,笑起来也很好看,祝助教小姐姐天天开心呀!

（4）李员开：学姐真的很负责任,也是很爱笑的女生,很高兴能参加到这个活动中来,也很感谢学姐的帮助。

（5）钱理洋：我就觉得每周学姐都要在邮箱里收作业,还得汇总,可辛苦了（哭）,学姐加油。

（6）陈练棠：刘美小姐姐好棒。喜欢你说话温和又坚定有力,控场能力超强,安排事情特别有条理,和老师、和我们交流都特别游刃有余,让人舒服。将来有机会希望多了解你呀,好希望成为你这样的人哦!

（7）王力竹：生活明朗,万物可爱,热爱可抵岁月漫长。

（8）郑能兰：助教姐姐非常有亲和力,给人一种可以和我们"打成一片"的感觉。每次上课配合詹老师,以及组织我们开展活动,都很认真负责。祝愿你天天开心! 事业和学业都进步!

（9）赵心北：助教姐姐你好。很开心能和你一起相约周五。在几周的接触中我感觉你是一个有趣而且有能力的人,你能帮助老师处理这些事情,能够让我们面对老师时不那么紧张,能够串联整个活动。非常非常期待线下的见面。

（10）吴听梅：学姐,你真的特别漂亮! 还可爱! 你棒极了!

（11）詹启生：希望倾听使刘美更美,助科研成功,让学生受益,为人民造福!

12. 给詹启生的赠言

（1）王力竹：身处何处有净土,立在哪里无寒露。感谢您愿意倾听这世间所有的声音,为他们找到灵魂的出口。

（2）周倾中：博学高知的心理学教授,也很有人格魅力,尤其是得知是詹老师提出设立心理委员的时候非常崇拜,祝仍为全国大学生心理问题夜以继日操劳的詹老师身体健康,学术上再创新高!

（3）孙委南：很高兴能在疫情期间通过这种特殊的方式参加到这样一个课堂中,非常愉快地认识了詹老师、刘美学姐和其他同学们,不仅交到了平时难以有交集的朋友,更学会了一些倾听的方法和技巧。希望今后还能和老师多多交流,同时也祝愿老师事业顺利,身体健康,在心理学领域做出更多成就!

（4）冯训菊：特别感谢詹老师能组织这样有意义的小组活动,总看到您埋头记录我们的活动内容,辛苦啦!

（5）钱理洋：去年心理委员课第一次接触詹老师,结果课没上成,拖到了今年。詹老师给我最大的印象就是有耐心,因为我还没见过能一直陪同一个小组两三个小时的老师。这回倾听小组我是最后一天才决定报名的,现在真的觉得幸亏报名了。即使是现在,詹老师您也仍然在屏幕前面等着我们回来。

（6）李员开：老师举办的活动都很有趣,这些活动我以前想都没想过,也没想到我能参加进来。真的很感谢老师提供的机会。

（7）陈练棠：老师您好！很高兴认识您！我还记得大一最开始竞选心理委员那种急切地想提升自己、帮助大家的心情。前面的三个学期，虽然因为各种原因总是和心理委员课擦肩而过，但我很开心地和搭档组织大家一起排了心理剧，当过班里很多同学的"树洞"。可能我笨嘴笨舌的并没有真正做什么，但总体也算不违本心。这学期终于排上了这门课程，感觉整个大学阶段又圆满了一些。我真的很感激这段参加倾听小组的时光，感谢您选择我。我非常敬佩您这种用轻松的引导、少量的话语教导我们深入领会知识的方式。这段经历不仅让我从倾听的角度再一次了解了日常的交往，也带给我很多意想不到的快乐。通过这项活动我认识了10位（包括可爱的助教小姐姐）来自不同学院的同学。在这样一个特殊的学期，能认识很多平时接触不到的人、能见一见天南海北的面孔真的是最惊喜的事情。

（8）郑能兰：詹老师您给我的印象就是认真细致、很有责任心、平易近人。而且非常乐于学习和接触新鲜的事物，对待工作认真且热爱。很感谢您发起和组织我们这个倾听小组的活动，让我们受益匪浅，以后不管是在做心理委员的工作还是在工作岗位、与人打交道上都很有用。您是我们学习的榜样。祝愿您工作顺利，身体健康。

（9）赵心北：老师您好，最初了解到这个活动的时候，我不是很了解这个活动的意义。在几周活动之后，我慢慢地了解到交流的重要性，学习到了倾听的技巧。很感谢老师能举办这样的活动，让我在疫情期间能够拥有一个渠道说话和倾听。期待和老师的线下见面。同时也期待老师的著作问世。

（10）吴听梅：老师和蔼可亲、平易近人、专业知识过硬，是个棒棒的老师！祝您工作顺利、万事如意、生活幸福、家庭美满！发表更多好论文！

（11）刘美：感谢詹老师组织这次活动，很有收获，而且看到大家都认真地投入也很开心。

（三）分享感受：每人一段话

（1）钱理洋：刚才我看我们写的这些话，突然有个体会，不是都说构建和谐社会吗，我觉得每次活动最后都让所有的个体都和谐起来了，我觉得不管这个活动能做出多大的成绩，甚至快乐都没有和谐重要，我觉得我们小组和谐了，"大同"就慢慢达到了，就是这种感觉。

（2）赵心北：在这个活动里，咱们一共进行了8周，我就有一种我们都是循序渐进地在认识、在交流的感觉，最开始都是一些很基础的很表观的认识，之后我们都在挖掘自己和别人有什么不一样的地方或者是相同的地方，这是一个很奇妙的体验，之前我不会想到自己会以这样的形式参加一个活动，我感觉这是一个很好的机会，谢谢。

（3）孙委南：我觉得通过这八周的学习，我们没有刻意去学倾听的一些概念，而是通过一种类似于游戏的活动，学到了一些倾听的技巧和理论知识，通过这样一种特殊的方式，能认识大家，成了"最熟悉的陌生人"——通过8周我对大家都比较了解了，但是线下都还没有见过面，所以也算是熟悉的陌生人这种感觉吧。很高兴和大家参与这样的活动，期待我们能在卫津路校区相遇，谢谢大家。

（4）郑能兰：我先讲一下刚刚收到大家赠言的感受吧，我没想到大家会通过这八周，能够比较了解我这个人，我发现有的地方是我一直没有改变的，比如内向，也从大家的描述中发

现了我的其他一些特点。这次活动我觉得不是结束,不仅是我们的友谊还会继续,这次能体验到的在倾听中的小技巧,也应该在以后的实践生活中得到更广泛的应用,谢谢。

(5)李员开:我说下今天活动的感受吧,我没想到,我有一天也能在受到别人口头夸奖之后,还能有书面的夸奖,真是感动啊,然后,还有那些祝福我的话,就只能说借您吉言。通过八周的相处,其实我们也算是在心里把对方当作朋友了,也希望大家在接下来的日子,好运来,谢谢大家。

(6)吴听梅:大家好,我很感谢这个活动,我觉得这个活动规则的设计很人性化,很尊重每个人的想法,比如说当你被问到问题的时候你可以选择回答或者是不回答;表达也是尊重每个人的想法,这样的游戏规则很让人充满善意,大家也会变得像朋友一样,可能一开始的时候大家都不认识,经过8次课我们对每个人都充满了善意、好感、友善。

(7)王力竹:首先我看到大家给我的赠语,我也非常感动。因为我们在寓教于乐中不仅收获的是心理委员的知识,更多的是收获了一些朋友,我觉得每个人身上都有他的亮点,都是闪闪发光的。我觉得对我自己来说也是一种成长的过程吧,因为我之前觉得我在社交方面不是很擅长,通过这次学习的机会,我就发现只要你真诚待人,一定可以得到一个很好的回报和反馈,所以很感谢大家。

(8)冯训菊:我刚刚看了赠言也很感动,大家其实是记住了你平时发言的一些特点和自己喜欢的一些东西,非常感谢大家。这个倾听小组不仅教会了我们沟通的技巧,也一步一步把小组里的每个成员从互不认识到现在互相熟悉起来,我们就差一次线下的见面,最后祝大家天天开心。

(9)周倾中:首先感谢老师和学姐认真组织每一次活动,包括线上线下都很不容易,给了我们这样一个平台来互相认识。接到这个活动通知我是第一时间报名的,我觉得应该挺有趣的,因为,在家里很长时间没有和其他人沟通,但没想到这个假期这么长,所以我觉得这次沟通挺有必要的。这个就像社团活动一样,两个月的时间每周一次,比社团见面的时间还多,总之期待开学后的见面吧。看到大家对我的评价,我这两个月给大家的印象基本上都是挺有趣的,希望我能给大家带来快乐,这就是这两个月以来我成功的地方,谢谢大家。

(10)陈练棠:我感觉我们8次课整个过程是越来越自然,越来越轻松吧,开学以来开镜头都是各种监考,或者点名,或者被提问,特别畏惧,现在面对镜头却有一种比较亲切的感觉。我觉得还是特别幸运能够进到这个组里每周和大家见一下面,见一下同学们,真的每周还是挺孤单的,很希望开学后见到大家,谢谢。

最后大家合影留念,具体影像略。

附　录

高校心理委员
倾听能力问卷（正式版）

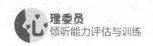

各位心理委员：

您好！

请您根据自己的实际情况填写以下问卷，您的回答没有对错之分，填写时注意不要漏答或串行。

1. 性别：①男；②女

2. 年龄：(　　)周岁

3. 年级：①大一；②大二；③大三；④大四

4. 是否是独生子女：①是；②否

5. 担任心理委员方式：①竞选；②任命

指导语：请仔细阅读下列句子，根据您在倾听时的真实体验，在右侧相应数字上打"√"。（1代表完全不符合；2代表较不符合；3代表较符合；4代表完全符合）

项　　目	完全不符合	较不符合	较符合	完全符合
1. 我会设身处地去理解他	1	2	3	4
2. 我能辨别出对方的感受	1	2	3	4
3. 我会让讲话者充分表达思想而不打断他	1	2	3	4
4. 我在听的时候会考虑对方的性格等特点	1	2	3	4
5. 我会用目光注视对方	1	2	3	4
6. 我会注意对方的表情、声调和姿势等	1	2	3	4
7. 我能不分心地听对方讲话	1	2	3	4
8. 我在听完后能正确回忆起对方说的内容	1	2	3	4
9. 我以接纳的态度听对方的倾诉	1	2	3	4
10. 我能听出对方字里行间的言外之意	1	2	3	4
11. 我不会随意转移话题	1	2	3	4
12. 我在听对方谈话的内容时会注意其感情的变化	1	2	3	4
13. 我会身体前倾认真听对方说话	1	2	3	4
14. 我在听的同时能观察到对方的情绪	1	2	3	4
15. 听对方说话我不觉得累	1	2	3	4
16. 我能够抓住对方说话的重点	1	2	3	4
17. 我会认真对待他人倾诉的问题	1	2	3	4
18. 我能听出对方背后的需求	1	2	3	4
19. 我不会急于打断对方讲述我不感兴趣的内容	1	2	3	4
20. 当对方不知道怎么表达时我会想办法提示他	1	2	3	4

续表

项　　目	完全不符合	较不符合	较符合	完全符合
21. 我能分辨对方讲话的真假	1	2	3	4
22. 我能包容他人与我不同的观点	1	2	3	4
23. 我会用肢体语言表达对其说话内容的赞成或反对	1	2	3	4
24. 我以关心的态度听对方的倾诉	1	2	3	4
25. 我会在适当的时候对对方说过的话做一个简短的总结	1	2	3	4

参 考 文 献

[1] 李燕萍, 张绍蓉. 临床护理人员有效倾听能力他评量表的构建研究 [J]. 重庆医学, 2014, 43(36): 4990-4992.

[2] 詹启生. 心理委员角色行为规范化探析 [J]. 天津大学学报(社会科学版), 2012, 14(01): 93-96.

[3] 詹启生. 心理委员标准化教程 [M]. 北京: 清华大学出版社, 2020: 1-13.

[4] 陈瑜, 桑志芹. 高校心理委员专业能力培训效果评价 [J]. 中国学校卫生, 2019, 40(1): 76-78.

[5] 董秀娜, 刘洁. 高校心理委员培训存在的问题与对策 [J]. 教育探索, 2013(04): 79-80.

[6] 李永慧. 舞动心理团体辅导对大学生社交焦虑的干预 [J]. 中国健康心理学杂志, 2016, 24(07): 1059-1063.

[7] Worthington DL, Bodie GD. The Sourcebook of listening research: methodology and measures [M]. Hoboken, USA: Wiley-Blackwell, 2018.

[8] Fassaert T, Dulmen SV, Schellevis F, et al. Active listening in medical consultations: development of the active listening observation scale (ALOS-global) [J]. Patient Education and Counseling, 2007, 68(3): 258-264.

[9] Cooper LO. Listening competency in the workplace: A model for training [J]. Business Communication Quarterly, 1997, 60(4): 75-84.

后 记

这本题为《心理委员倾听能力评估与训练》著作是经过一个学期的系列团体心理行为训练，加上后期的整理、撰写与修改而完成的。

在全书即将定稿时，对为此书做出贡献的所有教师与学生表示由衷的感谢。

首先感谢参与心理委员倾听能力问卷编制的所有教师与心理委员们！其中包括在探索性因素分析阶段参与的天津、福建、甘肃、浙江、上海 5 个省市的 5 所院校，以及在验证性因素分析阶段参与的甘肃、上海、河南、天津、广东、黑龙江、江苏、浙江、安徽、辽宁、广西、陕西 12 个省、市、自治区共 28 所院校。感谢这些学校的有关教师与心理委员们所付出的努力。

感谢我的研究生刘美以及张含悦等。刘美参与了整个团体心理与行为训练活动，张含悦参与了后期本书全部资料的整理工作。

另外，参与过"心理委员倾听能力问卷编制"以及"心理委员倾听能力评估与训练工作坊"等相关事务的我的研究生还有刘新颖、王琴、张丽莎、刘洋、王苏、张欢、李楚洁、夏天宇、张舒雅、丁奕文，在此一并表示感谢。

感谢参与 8 次精心设计的团体心理与行为训练活动的 10 名心理委员（他们是李晋名、李佳琪、王烈东、马傲晨、王思博、赵柳燕、吴嘉程、邱蓝仪、张泽越、高兴）以及参与研究的对照组心理委员和同学。考虑对参与研究的同学的个人信息的保护，本书采用了化名形式。再次感谢各位心理委员所做出的贡献！

感谢课题组成员李永慧（华东理工大学）、莫华敏（南阳理工学院）、吴冉（华东师范大学）、余金聪（中南财经政法大学）、郑艳（延边大学）、周翠翠（南开大学）等在课题研讨中的建议与贡献。

詹启生

2021 年 8 月 21 日于北京